David Hume zur Einführung

Heiner F. Klemme

David Hume zur Einführung

JUNIUS

Für Anna Lena und Franziska

Junius Verlag GmbH
Stresemannstraße 375
22761 Hamburg
www.junius-verlag.de

Umschlaggestaltung: Florian Zietz
Titelbild: David Hume
(Porträt von Allen Ramsay, 1766)
Satz: Junius Verlag GmbH
Printed in the EU 2013
ISBN 978-3-88506-637-8
2., ergänzte Auflage 2013
(zur Einführung; 337)

Bibliografische Information der Deutschen Nationalbibliothek
Die Deutsche Nationalbibliothek verzeichnet diese Publikation in der Deutschen Nationalbibliografie; detaillierte bibliografische Daten sind im Internet über <http://dnb.d-nb.de> abrufbar

Inhalt

1. Leben und Werk

»... wenn wir Philosophen sind, sollten wir es nur nach skeptischen Prinzipien und aufgrund einer Neigung sein, die wir zu dieser Art von Beschäftigung in uns empfinden.«[1]

David Hume wird am 26. April (nach dem gregorianischen Kalender am 7. Mai) 1711 geboren und stirbt am 25. August 1776 in seiner schottischen Geburtsstadt Edinburgh. Sein erstes Werk, der dreibändige *Traktat über die menschliche Natur*, erscheint in den Jahren 1739 und 1740. Zur großen Enttäuschung seines ambitionierten Autors ist ihm zunächst kein Publikumserfolg beschieden. Heute wird dieses Werk zu den Meilensteinen der modernen Philosophie gezählt. Humes letzte Schrift, die *Dialoge über natürliche Religion*, wird von seinem gleichnamigen Neffen 1779 veröffentlicht. Im Gegensatz zu seinem Erstlingswerk wendet sich Hume in seinem nachgelassenen Werk nicht direkt an seine Leser. Vielmehr lässt er Vertreter drei verschiedener philosophisch-theologischer Positionen über die Tragfähigkeit der Gottesbeweise debattieren. Hume verzichtet auf eine Publikation der Schrift zu seinen Lebzeiten, weil er befürchtet, trotz der durch die Dialogform getragenen und bekräftigten unparteiischen Perspektive von religiösen Eiferern persönlich angegriffen zu werden. Wie gut es ihm jedoch gelingt, als Person gegenüber dem verhandelten Inhalt zurückzutreten, zeigt der Umstand, dass bisher keine einvernehmliche Antwort auf die Frage gefunden wurde, welche der den verschiedenen Dialogpartnern in den Mund gelegten Worte denn letztlich Humes eigene gewesen sein mögen.

Die *Dialoge* sind nicht nur ein literarisches Meisterwerk, sie bringen auch Humes grundsätzliche Einstellung zur Philosophie vorbildlich zum Ausdruck: Wer die Neigung zur Philosophie empfindet, sollte sie als besonnener und unparteiischer Beobachter betreiben. Er sollte sich an Tatsachen und Argumenten, nicht aber an Fiktionen und vermeintlichen Evidenzen orientieren. Wenn wir an die Grenzen unserer Erkenntnisfähigkeit stoßen, sollten wir dies offen eingestehen. Unsere Skepsis ist nicht das Ergebnis unserer »Furcht vor der Wahrheit«[2], wie G.W.F. Hegel meint, sondern begründet sich nach Ansicht des bekennenden Skeptikers Hume durch unsere Einsicht in die Grenzen unseres empirisch fundierten Wissens. Über ein anderes Wissen verfügen wir nicht.

Auf der Grundlage dieser Einsicht verfasst Hume seine philosophischen Schriften und findet mit dem Menschen bereits in seinem Erstlingswerk den Gegenstand, dem seine lebenslange Aufmerksamkeit gilt. Denn die auf Beobachtung und Erfahrung beruhende Kenntnis der menschlichen Natur steht am Anfang und im Zentrum unserer gesamten Erkenntnis. Die »Wissenschaft vom Menschen« (science of Man) ist, wie Hume in der Einleitung zum *Traktat* ausführt, für die Logik, die die Natur unserer Ideen sowie die Prinzipien unserer Verstandestätigkeit verstehen will, ebenso unverzichtbar wie für die Moralphilosophie (morals), die Ästhetik und die politische Theorie. Und selbst die Mathematik, die Naturwissenschaften und die auf Vernunft gegründete natürliche Religion setzen in gewisser Weise Kenntnisse über den Menschen als erkennendes, fühlendes und handelndes Wesen voraus.[3]

Hume folgt einer seinerzeit weit verbreiteten Unterscheidung, wenn er die Lehre vom Menschen (moral philosophy) von der Naturphilosophie (natural philosophy) unterscheidet.[4] »Moral philosophy« schließt die Disziplin der Moralphilosophie ein, umfasst aber auch alle anderen Disziplinen, die wie die Psychologie, die Ästhetik (criticism) oder die Wissenschaft von der Politik (politics) um eine umfassende Erkenntnis des Menschen bemüht sind.[5] Im Gegensatz zur »moral philosophy« zielt die »natural philosophy«, die Thema von Isaac Newtons *Naturalis philosophiae principia mathematica* (1687) ist, auf die Erkenntnis materieller Körper. Für die Naturphilosophie gibt es kein gut und böse, kein schön und hässlich. Für sie ist der menschliche Körper nur »eine ungeheuer komplizierte Maschine«[6], die nach Kräften wirkt, die ihr selbst oft genug verborgen sind.

Für die Richtigkeit seiner Auffassung von Moralphilosophie kann Hume zwei Evidenzen anführen: erstens den Erfolg der modernen Philosophie, die die von Francis Bacon ins Werk gesetzte und von Isaac Newton zur Erklärung der Naturphänomene herangezogene experimentelle Methode des Denkens auf das Gebiet der »moralischen Gegenstände« (moral subjects)[7] anwendet. Vertreter dieser Philosophie sind Autoren wie John Locke, Lord Shaftesbury, Bernard de Mandeville, Francis Hutcheson oder Joseph Butler. Trotz zahlreicher inhaltlicher Differenzen, die zwischen diesen Philosophen bestehen, sind sie sich doch darüber einig, dass wir in methodischer Hinsicht keine unnötigen Hypothesen erfinden sollten. Ihre Gegner finden diese Anhänger der erfahrungsbasierten Philosophie in den zeitgenössischen Vertretern der Metaphysik und des Rationalismus, in René Descartes und Baruch de Spinoza, in den Platonikern von Cambridge (Henry More und Ralph Cudworth) oder mit Samuel Clarke, William Wollaston und Gilbert Burnet in Autoren, die heute kaum noch bekannt sind. Hume stellt sich auf die Seite der Experimentalphilosophen, nicht ohne eine Sonderrolle für seine Arbeit zu reklamieren: Mit dem Mut und der Überheblichkeit eines siebenundzwanzigjährigen Genies erwartet Hume von seinem *Traktat*, dass es Epoche machen wird, weil er der erste Autor ist, der die experimentelle Methode kompromisslos auf die menschliche Natur anwendet. Er möchte die »gleichförmigen Mechanismen« (regular mechanism) sichtbar machen, die unserem Wahrnehmen und Fühlen zugrunde liegen und sich ihrer Art nach nicht unterscheiden von den »Gesetzen der Bewegung, der Optik, der Hydrostatik oder jedes Teils der Naturphilosophie«[8].

Zweitens kann Hume darauf verweisen, dass eine Philosophie, die die Erfahrung zugunsten einer falsch verstandenen Vernunft gering schätzt, schädlich für alle Menschen ist. Wird die Vernunft zur alleinigen Richtschnur unseres Meinens, Wollens und Handelns erhoben, verursacht sie Aberglauben, Schwärmerei und Enthusiasmus. Diese zeigen ihre verderblichen Wirkungen im religiösen Fanatismus und im Bürgerkrieg. Wer eine falsche, d.h. der menschlichen Natur nicht angemessene Philosophie betreibt, steht in der Gefahr, an Körper und Seele zu erkranken. Dies jedenfalls ist die Einsicht, die Hume am eigenen Leibe erfährt.

Nach dem Abbruch des ungeliebten Studiums der Rechte an der Universität Edinburgh kehrt Hume 1729 in den nahe an der englischen Grenze gelegenen Ort Ninewells zurück, wo seine Mutter und seine Geschwister leben. Der Vater war bereits 1713 verstorben. Getrieben von der Leidenschaft für die Philosophie und der Erkenntnis, dass die Bücher der Philosophie, die er bis dahin studiert hatte, zwar »endlose Dispute«[9], aber keine gesicherten Erkenntnisse enthalten, macht sich Hume auf die Suche nach einer Philosophie, durch die die Wahrheit gefunden werden kann. Im Alter von achtzehn Jahren eröffnet sich ihm schließlich eine von ihm nicht näher charakterisierte »neue Gedankenszenerie«[10]. Hume will jetzt nur noch Philosoph sein. Doch schon bald werden seine Anstrengungen zunichte gemacht. Neben einem Zustand der inneren Unzufriedenheit treten körperliche Beschwerden auf, erst Skorbut, dann Speichelfluss. Schon nach kurzer Zeit erkennt er den Grund seiner Gebrechen: Er hat sich in der falschen Absicht mit den falschen Gegenständen beschäftigt. Er erkennt, dass die beabsichtigte Verbesserung von Gemüt und Wille, Vernunft und Verstand durch die einsame Beschäftigung eines Gelehrten mit den altehrwürdigen philosophischen Themen Tod und Armut, Scham und Schmerz nicht gelingen kann. Denn selbst ein Philosoph muss sich Zeit für die Welt und ihre Zerstreuungen nehmen.

Mit dem neuen, zwischen Studierstube und Gesellschaft angesiedelten Leben verbessert sich Humes Gesundheitszustand zusehends. Seine durch einseitige Spekulationen entflammte Einbildungskraft kühlt ab, und er erkennt den zentralen Mangel der seit der Antike gepflegten Moralphilosophie: »Jeder zog seine Phantasie zu Rate, um neue Gebäude der Tugend und des Glücks zu errichten, ohne die menschliche Natur zu betrachten, von der jede moralische Folgerung abhängig ist. Daher entschloss ich mich, sie zu meinem hauptsächlichen Studienobjekt und zur Quelle von demjenigen zu machen, von dem ich jede Wahrheit in der Ästhetik wie in der Moral ableiten würde.«[11] Gründen wir die Philosophie auf eine hitzige Einbildungskraft und nehmen wir Hypothesen an, nur weil wir ein Gefallen an ihnen finden, werden wir weder feste Prinzipien noch Gefühle (sentiments) haben, die mit den Erfordernissen unserer Lebensführung vereinbar sind. Der freie Flug der Einbildungskraft ist vernunftwidrig und schadet der Philosophie wie dem Philosophen. In seiner *Untersuchung über die Prinzipien der Moral* (EM), der Neufassung des dritten Buches (»Über Moral«) seines *Traktats*, plädiert Hume 1751 deshalb für die neue Wissenschaft: »Die Menschen sind jetzt von ihrer Leidenschaft für Hypothesen und Systeme in der Naturphilosophie kuriert und vertrauen nur Argumenten, die auf Erfahrung beruhen. Es ist wirklich an der Zeit, daß sie eine ähnliche Reform bei allen moralischen Untersuchungen anstreben und jedes ethische System verwerfen, das nicht auf Tatsachen und Beobachtungen beruht, gleichgültig wie subtil und einfallsreich es sein mag.«[12]

Mit seiner gegen Ende 1730 vollzogenen Wende zur empirischen Erforschung des Menschen beginnt Humes eigenständiges Philosophieren – und aus dem großen und hageren David wird nach und nach ein wohlgenährter, in sich selbst ruhender »bon David«, wie er Jahrzehnte später von seinen Freunden in Paris genannt werden wird. Hume hat die Philosophie gefunden, die zum Menschen passt.

Doch warum sollen wir uns überhaupt mit der Philosophie der menschlichen Natur beschäftigen? Ist der Philosoph Gesetzgeber im Reiche der Natur und der Freiheit, wie Immanuel Kant in der *Kritik der reinen Vernunft*[13] behauptet? Oder stellt die Philosophie, wie Hegel überzeugt ist, die »Rose im Kreuze der Gegenwart dar«[14], die uns mit der Wirklichkeit versöhnt? Wohl kaum. Humes Gründe für unsere philosophische Beschäftigung mit der menschlichen Natur sind bescheidener. Er unterscheidet zwischen einem subjektiven und einem objektiven Grund. Der subjektive Grund ergibt sich aus den Neigungen einer Person. Empfindet eine Person keine Neigung zur Philosophie, dann sollte sie sich einer anderen Tätigkeit widmen, dic ihrem Temperament besser entspricht. Wer jedoch wie Hume selbst die Ursachen, Gründe und Prinzipien kennen lernen möchte, die unser Urteilen, Fühlen und Handeln steuern, der hat den besten Grund, sich mit der Philosophie zu beschäftigen. Das subjektive Verlangen, Aufschluss über die ›letzten‹ Ursachen unserer Erfahrungsurteile zu erlangen, ist der »Ursprung« von Humes Philosophie:

»Ich kann nicht umhin, Verlangen danach zu haben, mit den Prinzipien des moralisch Guten und Schlechten, der Natur und der Grundlage der Regierung und den Ursachen der verschiedenen Leidenschaften und Neigungen vertraut zu sein, die mich bewegen und regieren. Ich fühle mich unwohl bei dem Gedanken, ein Objekt zu billigen und ein anderes zu missbilligen, ein Ding schön und ein anderes deformiert zu nennen, über Wahrheit und Falschheit, Vernunft und Torheit zu urteilen, ohne die Prinzipien zu kennen, denen ich folge. Ich bin um den Zustand der gelehrten Welt besorgt, die unter einer so bedauernswerten Unkenntnis in allen diesen Angelegenheiten leidet. Ich fühle in mir einen Ehrgeiz entstehen, etwas zur Instruktion der Menschheit beizutragen und mir einen Namen durch meine Erfindungen und Entdeckungen zu machen. Diese Gefühle entstehen natürlicherweise in meiner gegenwärtigen Verfassung, und sollte ich mich bemühen, sie zu vertreiben, indem ich mich einer anderen Beschäftigung oder Zerstreuung zuwende, fühle ich, dass ich an Freude einbüßen würde. Dies ist der Ursprung meiner Philosophie.«[15]

Doch es gibt auch einen objektiven Grund, sich mit der Philosophie zu beschäftigen, dient diese doch der Verbesserung (improvement) unserer individuellen und gemeinschaftlichen Lebensführung. Die Wissenschaft vom Menschen versteht sich – obwohl Hume diesen Ausdruck nicht verwendet – als eine Philosophie der Aufklärung. Den Nutzen der Wissenschaften sieht Hume denn auch vor allem darin, dass sie uns lehren, »zukünftige Ereignisse durch ihre Ursachen zu kontrollieren und zu lenken«[16]. Durch unsere Beschäftigung mit den zwischen Ursachen und Wirkungen bestehenden Beziehungen können die Behauptungen von schlechter Philosophie und falscher Religion als Anmaßungen entlarvt werden. Denn obwohl die Irrtümer in der Philosophie an sich betrachtet »lediglich lächerlich«[17] sind, entfalten sie eine schädliche Wirkung, sobald wir ihnen die Herrschaft über unser Denken und Wollen zugestehen. Auf diese Weise schützt uns unser kausales Wissen vor Enthusiasmus und Hypochondrie.

In seiner *Untersuchung über den menschlichen Verstand* (EHU) von 1748 versucht Hume, die Nützlichkeit des philosophischen Denkens, das im Medium abstrakter philosophischer Gedankentätigkeit Distanz zur gewöhnlichen Lebenspraxis suchen muss, um dieser Praxis dienen zu können, unter Rückgriff auf die Unterscheidung zwischen einer leichten und einer schweren Philosophie zu erläutern: Die leichte Philosophie, die die Veredelung der Sitten und die Beförderung der Tugend zur Absicht hat, richtet sich auf das Handeln des Menschen, seinen Geschmack, seine Neigungen und seine Gefühle. Die schwere Philosophie ist dagegen um die Festsetzung der letzten Prinzipien bemüht, die unseren Verstand leiten, unsere Gefühle des Billigens und des Tadelns erregen und Grundlage unserer ästhetischen Wertschätzung sind. Beide Typen von Philosophie beschäftigen sich mit der Natur des Menschen. Doch welche dieser beiden ist die richtige? Hume findet eine salomonische Antwort: So wie der Maler von den genauen anatomischen Kenntnissen des Menschen profitiert, ist auch die schwierige Philosophie der leichten Philosophie von Nutzen. Denn ohne die schwierige, nach letzten Prinzipien der menschlichen Natur fragende Philosophie läuft die leichte Philosophie Gefahr, Realitäten zu behaupten, die in Wahrheit der Phantasie entspringen. Und ohne die leichte Philosophie würde die schwierige Philosophie keinen fühlbaren Nutzen entfalten. Trotz ihrer engen Beziehung aufeinander, sollten diese beiden Typen von Philosophie aber nicht miteinander vermischt werden: Der Anatom der menschlichen Natur sollte nicht versuchen, zugleich als Sittenmaler vor die Augen seiner Leser zu treten. Diese methodische Distinktion ist grundlegend für Humes gesamte Philosophie. Nur an wenigen Stellen seiner Schriften überschreitet Hume, der Anatom der menschlichen Natur, diese Grenze zum Sittenmaler.

Kurz vor seinem Tode verfasst Hume eine wenige Seiten umfassende Autobiographie (*My Own Life*), die postum erscheint. In ihr nimmt er auch seinem eigenen Leben gegenüber die Perspektive eines Anatoms der menschlichen Natur ein. Nüchtern und distanziert informiert er uns über die äußeren Stationen seines Lebens, den Gang seiner philosophischen Entwicklung und die zahlreichen Anfeindungen, denen er aufgrund seiner Ansichten und Überzeugungen ausgesetzt gewesen ist. Die wichtigsten Stationen seines Lebens sind schnell erzählt: Hume hat einen älteren Bruder, der den Adelstitel erbt, und eine Schwester, die ihm im Alter den Haushalt besorgen wird. Weil er vom schmalen väterlichen Erbteil kaum leben kann, ist er auf einen Brotberuf angewiesen. Nach dem Abbruch seines Studiums der Rechte nimmt er eine Tätigkeit bei einem Kaufmann in Bristol an, die er jedoch schon bald aus uns unbekannten Gründen aufgibt. Vielleicht wollte er sich ganz der Philosophie widmen. Von 1734 bis 1737 hält er sich in Frankreich auf, wo er in Reims und in La Flèche – dem Ort, an dem ein Jahrhundert zuvor Descartes lebte – an seinem *Traktat* arbeitet, der schließlich unter seiner Aufsicht in London gedruckt und anonym publiziert wird. Weil dieses Werk seiner eigenen Wahrnehmung nach als »Totgeburt aus der Presse«[18] fällt, sieht er von der Ausarbeitung und Publikation weiterer Bände ab. Noch im Jahre 1740 veröffentlicht er anonym eine kleine Schrift mit dem Titel *Abriss eines neuen Buches, betitelt: Ein Traktat über die menschliche Natur etc.*, in der er in Gestalt einer fingierten Rezension auf seinen *Traktat* aufmerksam macht. Inhaltlich konzentriert er sich vor allem auf die Darstellung seiner Kausalitätstheorie.

In den Jahren 1741 und 1742 erscheinen seine *Moralischen und politischen Versuche*. In ihnen erörtert er in einer literarisch gefälligen Art und Weise diverse historische, politische, geistes- und ideengeschichtliche Phänomene. Als eine Art von »Botschafter«[19]

aus dem Herrschaftsbereich der Gelehrsamkeit möchte er den Bewohnern des Reichs der Unterhaltung und des Gesprächs die Erkenntnisse vermitteln, die ihm im Bereich der Philosophie bedeutsam erscheinen. Humes Überzeugung nach sollte der Gelehrte den Kontakt mit dem breiten Publikum suchen, weil dies für beide Parteien von Vorteil ist. Im gegenteiligen Falle produziert der Gelehrte in seiner Zurückgezogenheit dicke Folianten, die kein Mensch lesen will und auch nicht lesen sollte, und die Öffentlichkeit bleibt orientierungslos sich selbst überlassen.

Wohl aus finanziellen Überlegungen entschließt sich Hume 1745, als Tutor des jungen (und schwachsinnigen) Marquis von Annandale in England tätig zu sein. Als Sekretär des Generals Saint Clair begibt er sich 1746 auf eine Militärexpedition an die Küste Frankreichs, 1747 gefolgt von einer militärisch-diplomatischen Mission an die Höfe von Wien und Turin im Range eines Adjutanten des Generals. Humes eigenen Angaben nach waren dies die beiden einzigen Jahre, in denen er seine philosophischen Studien unterbricht – und ein Vermögen anspart, das für ihn die lang ersehnte finanzielle Unabhängigkeit bedeutet.[20]

An äußeren Ereignissen ist neben einer 1752 erfolgten Anstellung als Bibliothekar der Anwaltskammer in Edinburgh, einer diplomatischen Mission nach Paris und der Ernennung zum Botschaftssekretär 1763 noch seine Tätigkeit als Unterstaatssekretär im Londoner Außenministerium (1767-1768) erwähnenswert. Den unseligen Streit mit Jean-Jacques Rousseau, der Europas gelehrte Welt 1766 über Monate in Atem hält, erwähnt Hume in seiner Autobiographie dagegen mit keinem Wort. Hume hatte mit dem in Frankreich mit Haftbefehl gesuchten Philosophen Freundschaft geschlossen und ihn nach England eingeladen. Doch schon kurze Zeit nach seiner Ankunft in England wittert der paranoide Autor des *Émile* (1762) Tücke und Verrat. Hume, der Rousseaus Geisteszustand zunächst nicht erkennt, ist außer sich vor

Wut und nennt Rousseau »den schwärzesten und abscheulichsten Schurken, nicht zu vergleichen mit allem, das es gegenwärtig auf Erden gibt, und tiefsten Herzens schäme ich mich alles dessen, was ich je zu seinen Gunsten geschrieben habe«[21].

Ein wichtiges Amt ist Hume Zeit seines Lebens verwehrt worden: Auf Druck religiöser Kreise und der (presbyterianischen) Kirche von Schottland erfüllen sich seine Hoffnungen auf die Übernahme der Professur für Ethik und Pneumatische Philosophie in Edinburgh in den Jahren 1745 und 1746 nicht. Auf ein gegen ihn gerichtetes Pamphlet reagiert Hume mit einiger Verzweiflung in einem Verteidigungsschreiben, das im Mai 1745 ohne sein Wissen von Henry Home unter dem Titel *Brief eines Edelmannes an seinen Freund in Edinburgh* veröffentlicht wird. Voller Empörung wehrt sich Hume gegen verkürzte und sinnentstellte Zitate aus seinem *Traktat* und die in der Folge erhobenen Vorwürfe, er vertrete einen »universellen Skeptizismus«, stelle Grundsätze auf, die zum »Atheismus« führten, begehe Irrtümer bezüglich des Wesens, der Existenz und der Eigenschaften Gottes, bestreite die »Immaterialität der Seele« und beabsichtige nicht zuletzt, »die Grundlagen der Moral zu untergraben«[22]. Weil auch ein zweiter und letzter Versuch, eine Professur für Logik in Glasgow zu bekommen, in den Jahren 1751 und 1752 erfolglos bleibt, ist Hume der einzige bedeutende schottische Philosoph im Zeitalter der Aufklärung, dem eine Universitätskarriere verwehrt wird.

Die Anfeindungen durch zumeist religiös motivierte Kritiker hat Hume durch Gelassenheit zu parieren versucht. Um diese Gelassenheit bemühte er sich auch angesichts der mangelhaften Resonanz, auf die einige seiner Werke zunächst stießen. Das Scheitern seines *Traktats*, das er mehr auf die Form der Darstellung als auf dessen Inhalt zurückführt, motiviert ihn dazu, seine Gedanken neu zu sortieren. Die Neufassung des ersten Teiles des

Traktats (»Über den Verstand«) publiziert er 1748 unter dem Titel *Philosophische Versuche über den menschlichen Verstand*. In dieser Schrift, die er in späteren Auflagen *Eine Untersuchung über den menschlichen Verstand* nennt, verzichtet er auf die Erörterung besonders problematischer Lehrstücke wie seine Ausführungen über die Existenz einer geistunabhängigen Welt und über die personale Identität. Thematisch neu ist dagegen die Auseinandersetzung mit der Wunderproblematik und mit der Lehre vom zukünftigen Leben. Während Hume die neue Darstellung seiner Moralphilosophie von 1751 in seiner Autobiographie als die beste unter allen seinen Schriften bezeichnet[23], wird die recht kurz ausgefallene Überarbeitung des Buches »Über die Affekte«, die 1757 innerhalb der *Vier Abhandlungen* (»Abhandlung II: Über die Affekte«) erscheint, mangels Originalität bis heute kaum zur Kenntnis genommen. Der überwiegende Teil des Textes besteht aus wörtlichen Zitaten von Buch II seines *Traktats*. Neben den Abhandlungen »Über die Tragödie« und »Über den Maßstab des Geschmacks« präsentiert Hume in den *Vier Abhandlungen* auch seine »Naturgeschichte der Religion«. Unter Rückgriff auf bereits unter antiken Philosophen geläufige Ansichten möchte Hume den Ursprung und die Entwicklung der Religion durch gewöhnliche Eigenschaften des menschlichen Geistes (wie Furcht und Hoffnung) erklären. Als *natürliche* Geschichte der Religion ist diese Arbeit sowohl gegen den rationalistischen Religionsbegriff der Deisten wie gegen den Offenbarungsglauben der Kirche gerichtet. Besonders kritisiert wird seine These, dass der Polytheismus (und nicht der Monotheismus) die historisch erste Religion auf Erden gewesen sei. Nach Humes Tod erscheinen schließlich *Zwei Versuche* (1777), in denen er sich mit dem moralischen Status des Selbstmords und mit einem zukünftigen Leben auseinandersetzt, sowie die bereits erwähnten *Dialoge über natürliche Religion*.

Den größten Publikumserfolg erzielt Hume zu seinen Lebzeiten jedoch nicht mit seinen philosophischen Arbeiten. Mit der Übernahme der Stelle eines Bibliothekars am Juristenkollegium steht ihm eine Bibliothek von mehr als 30.000 Bänden zur Verfügung, die ihn in die Lage versetzt, seinen bereits 1745 gehegten Plan, eine unparteiische Geschichte Englands zu schreiben, in die Tat umzusetzen. Der erste (zunächst ebenfalls erfolglose) Band der *Geschichte von England* erscheint 1754, der letzte 1761, dem Jahr, in dem der Vatikan alle seine Schriften auf den *Index Librorum prohibitorum* setzt. Nach Zeiten der Anfeindungen von Seiten politischer Kreise, die sich in seinem Geschichtswerk nicht richtig dargestellt fühlen, findet es jedoch immer mehr Anhänger und Freunde. So lobt beispielsweise Johann Jakob Dusch, der Übersetzer ins Deutsche, Hume als »einen der aufgeklärtesten Geister unserer Zeit« und gesteht ihm bei aller Kritik zu, was dieser für sich in Anspruch genommen hatte: »Unter seinen Händen wird die Geschichte das, was sie ursprünglich ist. Wir lesen die Betrachtungen eines Staatsmannes, der ein Philosoph ist, der die verborgenen Triebfedern der Handlungen und Begebenheiten aufdecket, den Zweck der Geschichte, die Belehrung der Lebendigen, nie aus den Augen verliert, und die vortrefflichsten Maximen der Sittenlehre unter dem Schleyer der Begebenheiten hervorzieht.«[24]

Mit seinem Geschichtswerk wird Hume ein reicher Mann, einem breiten Publikum bekannt und bis weit ins 19. Jahrhundert als *der* Historiker der englischen Geschichte gefeiert. Einen Widerspruch zwischen der Geschichte und der Philosophie gibt es für Hume nicht. Ganz im Gegenteil ergänzt das Studium der Geschichte wie der Schriften antiker Schriftsteller unser Erfahrungswissen über die Natur des Menschen. Nicht zufällig greift Hume in seinen philosophischen Arbeiten immer wieder auf Beispiele aus der Geschichte, der antiken Literatur und der Philosophie zurück, um die allgemeinen Prinzipien der menschlichen Natur zu erforschen und ihre konkreten Ausgestaltungen unter wechselnden sozialen, geistigen und politischen Umständen kennen zu lernen. »Diese Berichte über Kriege, Intrigen, Parteienhader und Revolutionen sind so zahlreiche Sammlungen von Erfahrungstatsachen [experiments], aus denen der Politiker oder der Moralphilosoph die Prinzipien seiner Wissenschaft in gleicher Weise bildet, wie der Physiker oder Naturforscher mit dem Wesen von Pflanzen, Mineralien und anderen Dingen der Außenwelt durch entsprechende Versuche [experiments] vertraut wird.«[25]

Über Jahre und Jahrzehnte wird Hume von seinem Verleger William Strahan gedrängt, seine *History of England* mit einem Band abzuschließen, der die Periode von der »Glorious Revolution« von 1688 bis zum Regierungsantritt Georges I. im Jahre 1714 umfassen sollte. Tatsächlich lässt sich Hume zunächst erweichen und beginnt Mitte der fünfziger Jahre des 18. Jahrhunderts etwas lustlos mit vorbereitenden Arbeiten, die er jedoch schon bald abbricht. Selbst die Zusage Strahans, für einen entsprechenden Band den von Hume scherzhaft eingeforderten Gegenwert der Falkland-Inseln zu bezahlen, lehnt Hume Anfang der siebziger Jahre ab. Er will den Band nicht schreiben, »weil ich zu alt, zu dick, zu faul, und zu reich bin«[26]. Statt neue Projekte zu beginnen, bescheidet er sich mit stilistischen Überarbeitungen seiner bereits vorliegenden Publikationen und Manuskripte, von denen nur der *Traktat* ausgenommen ist.

Humes Reaktion auf Strahans Angebot scheint allzu verständlich, gibt es doch nichts mehr, was ihn wirklich neugierig machen könnte. Mit sechsundvierzig Jahren bringt er seine letzte philosophische, mit fünfzig Jahren seine letzte historische Monographie zur Publikation. Nach seiner Wende zur Philosophie der menschlichen Natur weist seine philosophische Entwicklung keine signifikanten Brüche und erst recht keine revolutionär neuen Ansichten mehr auf; sie gleicht eher einem breiten Strom, der sich langsam, aber stetig seiner Mündung nähert, ohne jemals über die Ufer zu treten. Ähnlich wie die Flüsse die Landschaft mit Leben erfüllen, legen wir Menschen uns nach Hume mit unseren Gefühlen und Leidenschaften in die Dinge hinein. Wir geben ihnen Farbe und Bedeutung und fügen aufgrund der Mechanismen unseres Geistes Elemente zu Ganzheiten, die an sich betrachtet nichts anderes als vereinzelte Sinneseindrücke sind. Diesen Mechanismus will Hume verstehen. Denn wer ihn versteht, der versteht die Ursachen und Prinzipien, die unsere Gegenwart und Zukunft bestimmen.

Diese Philosophie wollen wir am Leitfaden des *Traktats von der menschlichen Natur* darstellen und diskutieren, und dies, obwohl Hume im Vorwort der 1777 erschienenen Ausgabe der *Versuche und Traktate über verschiedene Themen* gegenüber seinen Lesern den Wunsch äußert, sie sollten seinen *Traktat* nicht mehr lesen.[27] Allerdings distanziert sich Hume nicht aus philosophischen, sondern gewissermaßen aus polemischen Gründen von seiner Erstlingsschrift. Sein Bedauern gilt nicht dem Inhalt seines *Traktats*, sondern vielmehr der Tatsache, dieses Werk überhastet und stilistisch unausgereift publiziert zu haben, so dass es leicht Gegenstand unfairer und bigotter Kritik werden konnte. In einem 1751 verfassten Brief an Gilbert Elliot empfiehlt er zwar die erste *Untersuchung* zur Lektüre, weist aber zugleich darauf hin, dass diese Schrift dieselben »philosophischen Prinzipien« wie der *Traktat* enthält. Durch die in der *Untersuchung* erfolgte Kürzung und Vereinfachung der bereits im *Traktat* erörterten Fragen hofft er, diese vollständiger beantworten zu können.[28] Weil der *Traktat* Humes wichtigstes und innovativstes philosophisches Werk ist, sollten wir ihm seinen Wunsch nach Missachtung dieses Werkes nicht erfüllen. Schließlich finden sich hier nahezu alle zentralen Begriffe, Konzeptionen und Theorien seiner späteren Schriften ausgeführt oder doch zumindest angedeutet.

In loser Anlehnung an die *Logik von Port-Royal* (1662), in der zwischen Begriff, Urteil, Schluss und Methode unterschieden wird, beginnt Hume im ersten Buch des *Treatise* (»Über den Verstand«) mit einer Analyse dessen, was unserem Geist in der Wahrnehmung präsent ist (Eindrücke und Ideen) und geht dann über zum Urteil, das entweder Relationen zwischen Ideen (relations of ideas) oder Tatsachen (matters of fact)[29] betrifft. Diese heute oft »Humes Gabelung« genannte Unterscheidung aus der ersten *Untersuchung* besagt, dass Urteile über Relationen, die zwischen Ideen bestehen, einer intuitiven oder demonstrativen Erkenntnis (knowledge) fähig sind, während unsere Urteile über Tatsachen bloß zu Wahrscheinlichkeiten führen (probability). Tatsächlich wird Hume zeigen, dass unser Urteilen eigentlich ein Fühlen ist.[30]

Im Anschluss an die Analyse unserer Urteile erörtert Hume den Zusammenhang von Urteilen in einem philosophischen System. Im Zentrum seines Interesses steht das philosophische System der Skeptiker. Die Methode schließlich wird zum einen im Aufbau des Buches selbst sichtbar und dokumentiert sich zum anderen in der »experimentellen Methode«, die im Wesentlichen Gedankenexperimente und (wiederholbare, signifikante) Beobachtungen bezeichnet. Humes Auseinandersetzung mit der Wunderproblematik, seine Kritik an der Idee der Unsterblichkeit der Seele und am teleologischen Gottesbeweis gehören in den systematischen Kontext seiner Analyse der Erfahrungserkenntnis und sollen auch in diesem Kontext vorgestellt werden.

Im zweiten Buch (»Über die Affekte«) erörtert Hume die »Natur, den Ursprung, die Ursachen und die Wirkungen«[31] der verschiedenen Eindrücke und Ideen der Selbstwahrnehmung. Das dritte Buch (»Über Moral«) gilt schließlich unserer Unterscheidung zwischen Tugend und Laster. Diese beruht nicht auf der Vernunft, sondern auf speziellen moralischen Empfindungen oder Gefühlen. Wir erkennen Tugend und Laster nicht, wir *schmecken* sie vielmehr, indem wir die Dinge in einem bestimmten Licht betrachten. Während die Vernunft die »Quelle der Erkenntnis des Wahren und Falschen« ist, ist der Geschmack die »Quelle des Gefühls von Schönheit und Mißbildung, Laster und Tugend«[32]. Und während die Vernunft die Wahrheit »entdeckt«, stellt der Geschmack ein »produktives Vermögen« dar. Der Geschmack »vergoldet oder färbt alle natürlichen Gegenstände mit solchen Farben, die er sich von dem inneren Gefühl leiht, und so schöpft er in gewisser Weise etwas Neues«[33]. Obwohl unsere moralische wie ästhetische Wertschätzung auf Geschmack (taste) beruht, gibt es einige signifikante Differenzen zwischen ihnen, die in einem separaten Abschnitt über den ästhetischen Geschmack erörtert werden sollen. Im Abschnitt über den Skeptiker wird schließlich eine Art Fazit über die praktische Relevanz der philosophischen Reflexion gezogen werden, so wie Hume es sich vorgestellt hat. Unsere Einführung schließt mit einigen Überlegungen zur Bedeutung seiner Philosophie für die Gegenwart.

2. Verstand

Eindrücke und Ideen

Mit seiner Philosophie der menschlichen Natur stellt sich Hume in den Kontext philosophischer Debatten, die in der Weise, wie sie von ihm wahrgenommen werden, ihren Ursprung im 17. Jahrhundert haben. Welches sind die allgemeinen Prinzipien unseres Wissens und Erkennens? Gibt es angeborene Erkenntnisse? Wo verläuft die Grenze zwischen Wissen und Glauben? Was ist die Natur von Geist und Körper? Können wir die Existenz Gottes beweisen? Sind moralische und rechtliche Normen durch die Vernunft begründbar oder beruht ihre Geltung auf Übereinkunft? Die für Hume wichtigsten Philosophen des 17. Jahrhunderts, Descartes und Locke, sind sich trotz erheblicher inhaltlicher und methodischer Differenzen darüber einig, dass diese Fragen einzig und allein unter Rückgriff auf den Begriff der Idee (idea) zu beantworten sind. Ideen stellen ihrer Ansicht nach Wahrnehmungen (perceptions) dar, die dem menschlichen Geist (Verstand) entweder mittelbar oder unmittelbar bewusst sind. Diesem von Descartes, Locke, Berkeley und zahlreichen anderen Philosophen beschrittenen Weg der Bewusstseinsphilosophie, für den sich später der Ausdruck »way of ideas« einbürgern sollte, folgt auch Hume. Für ihn stellt der menschliche Verstand (understanding, reason) oder Geist (mind) die Bühne dar, auf der Perzeptionen auf- und wieder abtreten. Dabei gilt sein Interesse der Frage, welcher Art diese Inhalte sind, welchen Ursprung sie haben, in welcher Weise sie miteinander verbunden sind und welche Akte ihnen gegenüber durch den menschlichen Geist ausgeübt werden können. Als experimenteller Beobachter geht Hume also nicht von der Existenz von Tischen, Stühlen und Büchern aus, die er in seiner unmittelbaren Umgebung findet. Vielmehr fragt er nach den Prinzipien des menschlichen Verstandes, die die Verbindung unserer Perzeptionen zu Gegenständen der Erfahrung erklären.

Jede Philosophie braucht einen Anfang. Hume findet diesen Anfang in den unmittelbar evidenten Akten des Verstandes und in seinen Inhalten. Sie stellen die »Elemente«[34] der Erfahrung und damit seiner Philosophie dar. In ausdrücklicher Abgrenzung zu Locke, der alle Perzeptionen (Bewusstseinsinhalte) Ideen nennt, unterscheidet Hume zwischen Eindrücken (impressions) und Ideen (ideas). Eindrücke stellen ursprüngliche, distinkte oder gesonderte Existenzen[35] dar, die keine ihnen zum Grunde liegenden Gegenstände oder Qualitäten repräsentieren. Sie weisen nicht über sich selbst hinaus und sind entweder äußere Sinneswahrnehmungen (sensations) oder Selbstwahrnehmungen (Affekte, Leidenschaften, Gefühle). Aufgrund ihrer Lebendigkeit und Stärke unterscheiden sie sich von ihren Abbildern (Kopien), die Hume Ideen nennt.[36] Der Schmerz, den ich in meinem Mund empfinde, wenn ich in diesem Augenblick einen zu heißen Kaffee trinke, ist ein Eindruck; erinnere ich mich morgen an diesen Schmerz, dann habe ich eine Idee dieser Empfindung. Humes These über den ursächlichen Zusammenhang von Eindrücken und Ideen wird in der heutigen Literatur »copy-thesis« genannt. Sie besagt, dass wir im Prinzip keine Idee haben können, die nicht auf einem vorhergehenden Eindruck beruht. Ideen, die wir im Folgenden auch Vorstellungen nennen wollen, repräsentieren also die ihnen korrespondieren Eindrücke. »Wenn ich meine Augen schließe und an meine Kammer denke, sind die Ideen, die ich bilde, exakte Repräsentationen der Eindrücke, die ich fühlte.«[37] Wie es Hume gelingt, eine Idee mit ihrem Eindruck zu vergleichen, obwohl er sich zu einem bestimmten Zeitpunkt entweder nur der Idee oder des Eindrucks bewusst sein kann, teilt er seinen Lesern leider nicht mit. Zu offenkundig scheint ihm die Wahrheit seiner Beobachtung zu sein; sie entzieht sich jedem vernünftigen Zweifel.

Alle unsere Perzeptionen (Wahrnehmungen, Empfindungen, Bewusstseinsinhalte) sind entweder einfach (simple) oder komplex (complex). Einfache Eindrücke und Ideen wie einzelne Farbvorstellungen, Töne oder Geschmacksempfindungen stellen die kleinsten Einheiten unserer Erfahrungswelt und damit die Bestandteile unserer komplexen Eindrücke oder Ideen von Tischen, Melodien oder Äpfeln dar. Während wir uns mit unserem Gedächtnis (memory) an unsere Eindrücke erinnern, die als erinnerte Eindrücke Ideen sind, haben wir aufgrund unserer Einbildungskraft (imagination) auch die Fähigkeit, unsere einfachen Vorstellungen beliebig miteinander zu kombinieren oder komplexe Vorstellungen zu verändern. Wir können uns Pferde mit Flügeln oder fliegende Teppiche vorstellen, obwohl wir bisher weder das eine noch das andere in der Wirklichkeit wahrgenommen haben. Der Freiheit der Einbildungskraft, Ideen zu trennen und neu zu verbinden, sind keine Grenzen gesetzt. Hätten wir jedoch niemals eine Farbe gesehen oder Töne vernommen, dann könnten wir uns in unserer Phantasie weder farbige Gegenstände ausmalen noch Melodien vorstellen. Allerdings vertritt Hume im *Traktat* die Auffassung, dass wir uns sehr wohl einen Blauton vorstellen können, obwohl wir ihn in der Skala der uns vertrauten Blautöne bisher nicht wahrgenommen haben.[38] Ob diese Ansicht mit seiner »copy-thesis« vereinbar ist, die ja besagt, dass der menschliche Geist von selbst keine neuen Vorstellungen hervorbringen kann, darf leise bezweifelt werden.

Doch wo genau entspringen die Eindrücke und Ideen? Können wir etwas über ihre Ursachen oder die Anlässe ihrer Entstehung sagen? Wie bereits angedeutet, stammen alle unsere Eindrücke entweder aus unserer Sinneswahrnehmung (sensation) oder haben ihren Ursprung in unserem Reflexionsvermögen (reflexion). Über die Ursachen der aus unserer Sinneswahrnehmung stammenden Eindrücke schweigt Hume weitgehend.[39] Wie diese Eindrücke ursprünglich in unserem Geist entstehen, stellt sich für ihn als ein Problem dar, das von den Naturphilosophen beantwortet werden mag, für den Moralphilosophen aber von keiner Wichtigkeit ist. Humes Interesse gilt – wie man es modern formulieren könnte – der Phänomenologie unseres Bewusstseins, nicht aber seinen materiellen Voraussetzungen. Zudem halten sich Humes – ähnlich wie Newtons – Erwartungen an eine naturwissenschaftliche Erforschung unseres Geistes in Grenzen: Die eigentlichen Ursachen der Eindrücke werden uns für immer verborgen bleiben. Ob sie durch äußere Objekte, uns selbst oder Gott verursacht werden, entzieht sich unserem Wissen.[40] In keinem Falle würde dieses Wissen unsere Erkenntnis über die moralischen Angelegenheiten des Menschen erweitern oder gar überflüssig machen.

Im Gegensatz zu den Eindrücken der Sinneswahrnehmung leiten sich die Eindrücke der Reflexion, die Hume auch innere Eindrücke (internal impressions)[41] nennt, zu einem großen Teil von den Ideen ab, die Kopien unserer Sinneseindrücke darstellen. Mit jedem unsere Sinne berührenden Eindruck ist eine angenehme oder unangenehme Empfindung der Lust oder Unlust verbunden. Ist die Empfindung vergangen, bleibt die Idee dieser Empfindung, die eine Kopie des ursprünglichen Eindrucks darstellt, im Geist zurück. Kommt dem Verstand diese Idee zu einem bestimmten Zeitpunkt wieder zu Bewusstsein, dann stellt sich in ihm unweigerlich ein Eindruck des Verlangens oder der Abscheu, der Hoffnung oder der Furcht ein. Dieser neue, aus der Reflexion entstandene Eindruck wird dann seinerseits in unserem Gedächtnis als Idee abgelegt. Der gute Wein, den ich jetzt trinke, ruft in mir ein angenehmes Gefühl (Sinneseindruck) hervor; erinnere ich mich morgen Abend an dieses Gefühl (Idee des Eindrucks), steigt in mir unweigerlich das Verlangen auf, erneut ein Glas dieses Weins zu trinken (Eindruck der Reflexion). Sehe ich dann bei meinem nächsten Einkauf diesen Wein im Regal liegen, erinnere ich mich an mein Verlangen (Idee des aus der Reflexion stammenden Eindrucks) und kaufe vielleicht eine Flasche.

Humes Antwort auf den Ursprung und die Natur unserer ersten Eindrücke und Ideen fällt, gemessen am Umfang seines *Traktats*, sehr kurz aus. Zu evident erscheinen ihm die bereits erzielten Erkenntnisse über den menschlichen Verstand. Selbst auf die von dem Empiristen Locke noch sehr ernst genommene Frage, ob es, wie Descartes behauptete, angeborene Ideen (innate ideas)[42] im menschlichen Geist gibt, die Gott selbst noch vor unserer Geburt in unserem Geist abgelegt hat, verwendet Hume nicht viele Worte. Haben ausnahmslos alle unsere Perzeptionen ihren Ursprung in der Sinneswahrnehmung oder (wie unsere Affekte und Leidenschaften) in der Reflexion, muss die Theorie angeborener Ideen falsch sein.

Wenn einfache Eindrücke und Ideen die Elemente unserer Wahrnehmung sind, bedarf es eines Prinzips der Verbindung dieser Elemente zu komplexen Gegenständen unserer Erfahrung. Wie erklärt sich diese Bündelung einzelner Vorstellungen zu den uns in der Alltagswelt vertrauten Dingen und Ereignissen? Als naive Alltagsbeobachter könnten wir meinen, dass diese Frage in die falsche Richtung zielt. Offenbart nicht gerade unsere gewöhnliche Erfahrung, dass die Gegenstände so, wie sie sind, auf uns wirken und ein Bild ihrer selbst in uns hervorrufen? Schließlich haben wir beispielsweise keine andere Wahl, als einen Schmerz zu empfinden, wenn wir die Hand auf ein glühendes Eisen legen. Der Eindruck des Schmerzes ist ein untrennbarer Bestandteil unserer sensorischen Wahrnehmung des glühenden Eisens.

Die Frage nach der unseren Wahrnehmungen zugrunde liegenden Einheit führt auf die Funktion der Einbildungskraft (imagination). Denn so wie die Einbildungskraft die Fähigkeit besitzt, Ideen zu trennen, kann sie sie auch zusammenfügen. Hume nennt die durch die Einbildungskraft erzeugte Einheit zwischen Vorstellungen Assoziation und dementsprechend die Prinzipien, die diese Vorstellungsverknüpfung erklären, die Assoziationsprinzipien (principles of association)[43]. Diese Prinzipien stellen Regeln der Verknüpfung von einfachen zu komplexen Vorstellungen nach Maßgabe bestimmter natürlicher Eigenschaften (qualities, original qualities) dar, die diese Vorstellungen aufweisen. Gäbe es diese Prinzipen nicht, weil die Natur selbst es völlig der Einbildungskraft überließe, welche Vorstellungen sie miteinander verknüpft, dann könnten wir uns in dieser Welt nicht nur nicht mehr orientieren, es gäbe überhaupt keine einheitliche Erfahrungswelt für uns.

Die unsere Verknüpfung von Ideen leitenden Eigenschaften sind die der Ähnlichkeit (resemblance), der zeitlichen und räumlichen Nähe (contiguity in time or place) und der Ursache und Wirkung (cause and effect)[44]. Die sinnlich erfahrbaren Gegenstände hinterlassen aufgrund ursprünglicher, uns aber unbekannter Qualitäten der menschlichen Natur bestimmte Eindrücke in unserem Geist. Diese Eindrücke und die durch sie verursachten Ideen haben bestimmte Eigenschaften (beispielsweise der Ähnlichkeit und der raum-zeitlichen Nähe), die ihrerseits die Einbildungskraft mehr oder weniger nötigen, sie in bestimmter Weise zu verbinden. Die Verbindung selbst erfolgt aber in jedem Fall durch die Einbildungskraft, nicht durch die Eindrücke. »Ein Bild lenkt unsere Gedanken naturgemäß auf das Original; die Erwähnung eines der Wohnräume in einem Gebäude bringt selbstverständlich die Frage oder das Gespräch auf die anderen; und wenn wir an eine Wunde denken, können wir den Gedanken an den ihr folgenden Schmerz kaum vermeiden.«[45] Unter gewöhnlichen Umständen wird sich die Einbildungskraft von den natürlichen Eigenschaften der Dinge, so wie sie uns aufgrund der ursprünglichen Konstitution unserer Natur präsent sind, leiten lassen; im Fieber aber oder unter Drogen verbinden wir sie nicht in ihrer von der Natur selbst vorgegebenen Ordnung. In Analogie zur Physik Newtons spricht Hume in diesem Zusammenhang von »einer Art von Anziehungskraft, die in der geistigen Welt dieselben außergewöhnlichen Wirkungen hat wie in der natürlichen Welt«[46].

Die Assoziation von Ideen führt zu drei verschiedenen Arten komplexer Ideen: erstens den Substanzen, zweitens ihren Modi oder Attributen (wie Denken oder Ausdehnung) und drittens den zwischen den Substanzen bestehenden Relationen (wie Ähnlichkeit, Identität oder Ursache und Wirkung). In scharfer Abgrenzung zur Metaphysik-Tradition versteht Hume unter Substanzen jedoch nicht selbständig existierende körperliche oder geistige Entitäten. Seiner Ansicht nach bezeichnen sie vielmehr Verbindungen von Ideen, die sich gegenüber gewöhnlichen Vorstellungen einzig und allein durch eine besonders große Dauer ihrer Existenz auszeichnen. ›Substanz‹ kann demnach alles und jedes sein, was aus einer Verbindung von Ideen besteht: ein Hut, ein Gehrock, eine Weinflasche oder ein Buch. In keinem Falle aber haben wir nach Hume die Idee einer Substanz, die als ein unbekanntes Etwas den Ideen zugrunde liegt, keinem Wandel unterworfen ist und auch von keinem anderen Ding ausgesagt werden kann. Genau dieser im Wesentlichen auf Aristoteles zurückgehende Begriff der Substanz steht aber noch im Zentrum beispielsweise der cartesischen Auffassung von der Natur denkender und körperlicher Substanzen (res cogitans und res extensa). »Die Idee einer Substanz, und ebenso die eines Modus, ist nichts als eine Ansammlung [collection] einfacher Ideen, die durch die Einbildungskraft vereinigt worden sind und einen besonderen Namen erhalten haben, durch den wir diese Ansammlung uns oder anderen ins Gedächtnis zurückrufen können.«[47] Weil es für den Nominalisten Hume im metaphysischen Sinne des Wortes keine Substanzen gibt, treten die Relationen in den Mittelpunkt seines philosophischen Interesses. Sie haben die Funktion, die Einheit schaffenden Verbindungen zwischen unseren an sich selbständig existierenden einzelnen Perzeptionen zu erklären.

Hume unterscheidet zwischen *natürlichen* und *philosophischen* Relationen. Natürliche Relationen sind Verbindungen zwischen einfachen Ideen, die aufgrund einer in der Natur selbst verankerten Qualität dieser Ideen durch die Einbildungskraft verbunden werden. Doch die Einbildungskraft kann auch Verbindungen zwischen Ideen herstellen, die uns nicht durch die Natur selbst auferlegt werden. Hinsichtlich dieser insgesamt sieben philosophischen Relationen (Ähnlichkeit; Identität; räumliche und zeitliche Relationen; Quantität und Zahl; Qualität; Gegensätzlichkeit; Ursache und Wirkung) besteht eine größere Distanz zur und Freiheit von der Natur als bei den natürlichen Relationen. Verwirrend an Humes Unterscheidung zwischen natürlichen und philosophischen Relationen ist, dass die philosophischen Relationen zugleich auch natürliche Relationen sind. Zumindest für die Relation von Ursache und Wirkung behauptet Hume dies ausdrücklich.[48] Wie kann eine Relation zugleich philosophisch und natürlich sein? Dieser Problematik werden wir im Zusammenhang unserer Diskussion der humeschen Konzeption der Kausalität nachgehen.

Das letzte von Hume in den »Elementen« seines *Traktats* aufgegriffene Thema hat ähnlich wie der Abschnitt über Modi und Substanzen einen negativen Charakter. Ging es bei den Modi und Substanzen um den Nachweis, dass diese letztlich nichts anderes als komplexe Ideen sind, die nach den Prinzipien der Assoziation verknüpft werden, schließt er sich im Abschnitt über die abstrakten Ideen der (wie Hume sie interpretiert) Ansicht von Berkeley an, wonach die Auffassung, dass der menschliche Geist abstrakte Ideen von Eigenschaften und Bestimmungen bilden kann, die der Gegenstand von Logik und Metaphysik sind, barer Unfug ist. In seiner *Abhandlung über die Prinzipien der menschlichen Erkenntnis* (1710) schreibt der spätere irische Bischof Berkeley:

> »Ob andere diese wundersame Fähigkeit der Ideenabstraktion besitzen, wissen sie selbst am besten. [...] Ich für meine Person finde mich im Besitz der Fähigkeit, mir die Ideen der Einzeldinge, die ich wahrgenommen habe, vorzustellen oder zu vergegenwärtigen und in mannigfacher Weise zusammenzusetzen und zu teilen. [...] Mit der Bildung der zuvor beschriebenen abstrakten Idee sind meine Geisteskräfte überfordert. Ebenso unmöglich ist es mir, die abstrakte Idee der Bewegung ohne bewegten Körper zu bilden – Bewegung, die weder schnell noch langsam ist, weder auf einer gekrümmten noch einer geradlinigen Bahn verläuft.«[49]

Weil wir uns nach Berkeley nur vorzustellen vermögen, was getrennt existieren kann, können wir uns auch keine abstrakten Ideen vorstellen.

Wenden wir uns der Konzeption abstrakter Ideen etwas näher zu. Eine abstrakte Idee ist eine Vorstellung, die eine Klasse von Ideen repräsentiert. Doch wie ist das möglich? Stellen wir uns ein Dreieck vor, dann stellen wir uns niemals ein abstraktes, sondern immer ein konkretes Dreieck vor, das aufgrund seiner spezifischen Bestimmungen niemals alle Dreiecke repräsentieren kann. Haben wir aber keine abstrakten Ideen, dann scheinen wir in unserem Denken an den konkreten sinnlichen Gegebenheiten geradezu zu kleben.

Locke beabsichtigt, diese bereits im Mittelalter zwischen Realisten und Nominalisten heftig debattierte Problematik durch den Begriff der Abstraktion zu lösen. Unter Abstraktion versteht Locke im *Versuch über den menschlichen Verstand* (1690) ein Verfahren, durch das ursprünglich partikular gegebene Vorstellungen eine Klasse von Vorstellungen zu repräsentieren vermögen. Achten wir beispielsweise auf die Farbe von Kreide, Schnee und Milch und abstrahieren zugleich von allen zwischen diesen Gegenständen bestehenden Differenzen, bilden wir die universelle Idee der Weißheit.[50]

Hume versteht Lockes Vorschlag offenbar im Sinne eines Ideenrealismus, den er nicht akzeptieren kann. Wäre nämlich die realistische Lesart abstrakter Ideen richtig, wäre Humes Empirismus falsch. Der menschliche Geist hätte nicht nur das Vermögen, Ideen zu trennen und wieder zusammenzusetzen; er selbst könnte Ideen hervorbringen, die sich ihrer Natur nach ganz und gar von unseren gewöhnlichen, auf Eindrücken beruhenden Ideen unterschieden. Für einen konsequenten Empiristen wie Hume ist dies ein völlig inakzeptables Ergebnis. Schließlich käme es dem Eingeständnis gleich, dass die Mathematik und Geometrie, die es durchweg mit abstrakten Ideen zu tun haben, nicht empiristisch erklärt werden können.

In seinem eigenen Lösungsvorschlag verwendet Hume erstmals im *Traktat* den Begriff der Gewohnheit (custom): Obwohl es eigentlich keine abstrakten Ideen wie »Dreieck« oder »Weißheit« gibt, auf die sich unsere allgemeinen Namen beziehen, verwenden wir diese Namen so, *als ob* ihnen eine derartige Idee entsprechen würde. So wird nach Hume unser Unvermögen, die Idee einer großen Zahl wie 1000 zu bilden, in unserem alltäglichen Urteilen und Denken nicht bemerkt. Und die Einbildungskraft erweist sich als Meisterin in der Kunst, Ideen aufgrund von Ähnlichkeiten unter einen allgemeinen Begriff zu bringen.[51] Humes Lösung der Abstraktionsproblematik ist unbefriedigend, weil sie die abstrakten Wissenschaften statt auf Notwendigkeit auf Einbildungen gründet. Die Geldmünze in meiner Hand hätte nach Hume einen größeren Wirklichkeitsgehalt als die Zahl 1000.

Aufschlussreich für Humes Ansichten über die Leistungsfähigkeit unseres abstrakten Denkvermögens ist auch seine Theorie von Raum und Zeit, in deren Rahmen er die Lehre von der unendlichen Teilbarkeit angreift. Irgendwann erreicht die Einbildungskraft nach Hume ein Minimum, das sie nicht weiter teilen kann, weil sie sich ansonsten nichts mehr vorzustellen vermag.[52] Hume bringt sich mit diesem Argument in eine ausweglose Situation: Sein Grundsatz, wonach Perzeptionen die kleinsten Bausteine unserer Erfahrung sind, ist mit dem Erkenntnisstatus insbesondere der Infinitesimalrechnung nicht vereinbar. Anders als Hume meint, offenbart diese Unvereinbarkeit eine Schwäche seiner eigenen Theorie. Die Geometrie stellt gerade keine Wissenschaft dar, die, wie Hume im *Abriss* seines *Traktats* behauptet, nicht »exakt genug«[53] ist für die subtilen Schlüsse der Lehre von der unendlichen Teilbarkeit.

Existenz

Im Anschluss an seine Erörterung unserer Ideen von Raum und Zeit diskutiert Hume eine Frage, über die Philosophen über Jahrhunderte erbittert gestritten haben: Ist Existenz ein Prädikat, das einem Gegenstand zu- oder abgesprochen werden kann? Oder bezeichnet es eher die Art und Weise der Gegebenheit einer Vorstellung oder eines Objekts? Die Art der Beantwortung dieser Frage ist nicht zuletzt für den ontologischen Gottesbeweis von erheblicher Bedeutung. So hatte Descartes in seinen *Meditationen über die Erste Philosophie* (1641) behauptet, in seinem Geist die Idee eines Wesens zu finden, dem alle Prädikate in der vorzüglichsten Weise zukommen: »Unter dem Namen ›Gott‹ verstehe ich eine Substanz, die unendlich, unabhängig, allwissend und allmächtig ist und von der ich selbst geschaffen bin ebenso wie alles andere Existierende, falls es solches gibt. [...] Man muß daher aus dem Zuvorgesagten schließen, dass Gott notwendig existiert.«[54] Existiere Gott nicht, dann wäre er auch nicht vollkommen. Descartes' Argument setzt unter anderem voraus, dass es sinnvoll ist, von einer Idee zu sagen, dass sie existiert oder nicht existiert, wobei unter Existenz die Seinsweise eines Gegenstandes außerhalb unseres Bewusstseins verstanden wird.

Mit seiner Auffassung von Existenz grenzt sich Hume im Anschluss an Locke[55] von Descartes' rationalistischer Position ab. Zum einen bezweifelt Hume, dass wir uns der Idee eines vollkommenen Wesens bewusst sind, und zum anderen ist Existenz keine Idee, die wir mit anderen Ideen verknüpfen könnten. Nehmen wir einen beliebigen Sinneseindruck wahr, wird dieser Eindruck nicht durch einen zweiten Eindruck der Existenz begleitet. Vielmehr nehmen wir den Sinneseindruck immer schon als existierend wahr. Dasselbe gilt für unsere Ideen: »Die Idee der Existenz ist daher identisch mit der Idee dessen, was wir als existierend wahrnehmen. [...] Was auch immer wir wahrnehmen, nehmen wir als existierend wahr.«[56]

Mit seiner Konzeption der Idee der Existenz, die einen Modus des Wahrnehmens aller Eindrücke und Ideen bezeichnet, stellt sich Hume mit letzter Konsequenz in die Tradition der neuzeitlichen Bewusstseinsphilosophie: Unserem Geist sind nichts anderes als Eindrücke und Ideen präsent. Wenn wir aber niemals aus unserem Geist – bildlich gesprochen – hinaustreten können, weil alle Existenz von uns wahrgenommene Existenz ist, dann scheint der Solipsismus, d.h. die Behauptung, dass nur unser eigener Geist existiert und es keine vom Bewusstsein unabhängige Außenwelt gibt, unvermeidlich zu sein. Ich bin mir meine eigene Welt – die Welt ist meine Vorstellung. Dieser unserem alltäglichen Selbstverständnis widersprechenden Schlussfolgerung könnte Hume entgegenhalten, dass die Sinneseindrücke ›von außen‹ auf uns wirken. Wir verhalten uns ihnen gegenüber empfangend und leidend, nicht aber spontan und hervorbringend. Der Mensch kann keine Sinneseindrücke hervorbringen, sondern sie nur voneinander trennen und verbinden.

Doch selbst wenn wir dieses Argument akzeptieren würden, hätten wir noch nicht verstanden, ob die Art und Weise der auf einem Akt unserer Einbildungskraft beruhenden Verknüpfung von Eindrücken und Ideen der Existenzweise des Gegenstands entspricht. Träume ich nur, in diesem Augenblick einen krähenden Hahn zu hören, oder ›gibt‹ es jetzt dort draußen vor meinem Haus auf der grünen Wiese tatsächlich einen krähenden Hahn? Zwar habe ich zweifellos die Idee eines krähenden Hahns in meinem Bewusstsein – und sofern ich sie wahrnehme, ›gibt‹ es diese Idee auch. Aber aus diesem Bewusstsein folgt offenbar noch nicht die meinem Bewusstsein *externe* Existenz des Vogeltiers. Weil ›Existenz‹ den Modus unserer Wahrnehmung bezeichnet, kann die Frage nach der äußeren Existenz des Hahns allein durch die Stärke und Lebendigkeit meiner Wahrnehmung des Hahns entschieden werden. Um sicher zu gehen, dass der Hahn auf der Wiese kräht, sollte ich aus dem Fenster blicken und nach dem Federvieh Ausschau halten.

Humes Ansicht nach haben also alle Ideen und Eindrücke eine Existenz, insofern ich mir ihrer bewusst bin. Bin ich mir eines Eindrucks der Sinneswahrnehmung bewusst, dann bin ich mir zugleich bewusst, dass diese Perzeption eine äußere Ursache hat. Bin ich mir dagegen einer Idee bewusst, kann die Idee eine »doppelte Existenz« (double existence)[57] haben, muss es aber nicht. Meine Idee eines Hahnes hat eine ›doppelte‹ Existenz, wenn der krähende Hahn tatsächlich auf der Wiese ist. Bilde ich mir jedoch nur ein, dass der Hahn kräht, dann habe ich zwar die Idee eines krähenden Hahnes; aber diese Idee ist nicht die Kopie eines möglichen äußeren Eindrucks.

Ob Hume mit diesen Überlegungen zeigen kann, dass der Hahn existiert, auch wenn ich ihn gerade nicht wahrnehme, mag mit Fug und Recht bezweifelt werden. Warum sollte gerade die Stärke und Lebendigkeit einer Wahrnehmung garantieren, dass das Wahrgenommene eine extramentale Existenz hat? Gibt es nicht Geistes- und Gemütskrankheiten, bei denen Menschen Vorstellungen mit der Intensität von Eindrücken empfinden? Doch Hume will gar nicht behaupten, dass die Idee als solche eine äußere Existenz anzeigen kann. Vielmehr werden wir durch einen psychischen Mechanismus genötigt, von der Idee auf eine äußere Existenz zu schließen. Mit diesem Mechanismus, in dessen Zentrum das Vermögen der Einbildungskraft steht, werden wir uns im Abschnitt über das skeptische System beschäftigen.

Erkenntnis, Wahrscheinlichkeit, Kausalität

Unsere Erfahrungswelt besteht aus Perzeptionen, die miteinander verknüpft sind. Betrachten wir die sieben philosophischen Relationen, die zwischen unseren Ideen bestehen können, so stellen wir einen entscheidenden Unterschied zwischen ihnen fest.

Ändern wir einige dieser Relationen, dann ändern sich auch die Ideen, die sie miteinander verknüpfen; andere Relationen können wir dagegen ändern, ohne dass dadurch die Ideen verändert würden. Die Relationen der *ersten* Art betreffen Beziehungen zwischen Ideen (relations of ideas) und umfassen die Ähnlichkeit, die Widersprüchlichkeit, die Grade der Qualität sowie die Proportionen in der Quantität und der Zahl. Diese Relationen sind der Gegenstand abstrakter Urteile und Reflexionen und stellen die Grundlage von Algebra und Arithmetik (in abgeschwächter Form auch der Geometrie) dar, den nach Hume einzigen exakten Wissenschaften.

Die Relationen der *zweiten* Art (Identität, Relationen in Raum und Zeit, Kausalität) betreffen Tatsachen (matters of fact), die einer intuitiven oder demonstrativen Gewissheit nicht fähig sind. Während es zur Idee eines Dreiecks gehört, dass seine Winkelsumme 180 Grad beträgt, kann ich den Ort, an dem sich mein Exemplar von Humes *Traktat* befindet, nicht aus meiner Vorstellung dieses Buchs ableiten. Ich muss die Augen aufmachen und mich auf die Suche begeben, um den Ort seines Verbleibs festzustellen. Zudem ist es für die Idee, die ich von diesem Buch habe, völlig irrelevant, wo es sich zurzeit befindet – ob auf meinem Schreibtisch, im Bücherregal oder in meiner Tasche. Um die Differenz zwischen dem Gewissheitsgrad unseres Wissens über Relationen zwischen Ideen und über Tatsachen deutlich zu machen, führt Hume die Unterscheidung zwischen Erkenntnis (knowledge) und Wahrscheinlichkeit (probability) ein. Unser Wissen über die die Tatsachen betreffenden Beziehungen übersteigt demnach niemals einen gewissen Grad der Wahrscheinlichkeit.

Humes Unterscheidung zwischen Erkenntnis und Wahrscheinlichkeit erinnert an Gottfried Wilhelm Leibniz' Distinktion zwischen den analytischen und notwendig geltenden »Vernunftwahrheiten« (les vérités de Raisonnement), deren Gegenteil unmöglich ist, sowie den synthetischen und kontingenten »Tatsachenwahrheiten« (les vérités de Fait)[58], deren Gegenteil sehr wohl möglich ist. Doch es gibt große Unterschiede zwischen Leibniz und Hume. Während nach Leibniz die Vernunftwahrheiten auf selbstevidenten Axiomen und Postulaten beruhen, fußt nach Hume unsere apriorische Erkenntnis (knowledge) einzig und allein auf bestimmten Relationen, die zwischen unseren Ideen bestehen. Auch Leibniz' Konzeption der Tatsachenwahrheiten ist für Hume nicht akzeptabel. Hume bezweifelt, was Leibniz behauptet, dass wir nämlich eine *vernünftige* Erkenntnis davon haben, dass eine Tatsache in Gestalt einer Wirkursache (causa efficiens) oder einer Finalursache (causa finalis) immer einen zureichenden Grund ihrer Existenz hat. Zufällig existiert eine Tatsache nach Leibniz nur insofern, als wir uns nach dem Prinzip vom (ausgeschlossenen) Widerspruch seine Nichtexistenz vorstellen können. Obwohl nach diesem Prinzip alles möglich ist, was keinen Widerspruch einschließt, gilt dies nicht mit Blick auf das Prinzip vom zureichenden Grund. Während es nach dem Prinzip vom Widerspruch möglich wäre, dass ich jetzt eine Partie Schach spiele, bin ich nach dem Prinzip vom zureichenden Grund, d.h. dem Kausalitätsprinzip, dazu bestimmt, diese Worte zu schreiben. Was Leibniz Zufall nennt, ist kausaltheoretisch betrachtet also Notwendigkeit.

Nach einer von Kant in der *Kritik der reinen Vernunft* verwendeten Terminologie sind Humes Sätze über Vorstellungsbeziehungen analytisch und a priori wahr, während Aussagen über Tatsachen synthetisch und a posteriori sind. Für Kants These, dass es auch synthetische Sätze gibt, die a priori und damit notwendig wahr sind, gibt es dagegen keine Entsprechung in Humes Schriften. Analytische Sätze sind Erläuterungsurteile und damit tautologisch wahr (›Ein Junggeselle ist ein unverheirateter Mann‹); synthetische Sätze sind Erweiterungsurteile, d.h. Urteile, in denen wir dem Subjekt ein Prädikat zuschreiben, das ihm nicht schon rein begrifflich zukommt (›Diese Rose ist gelb‹). In einem synthetischen Urteil a posteriori findet die Erweiterung unserer Erkenntnis empirisch statt; in einem synthetischen Urteil a priori erfolgt sie dagegen, ohne dass wir uns auf etwas Empirisches beziehen. Die synthetischen Urteile a priori können nach Kant in einem komplexen Argumentationsgang als Bedingungsmöglichkeiten der notwendigen Einheit unserer Erkenntnis nachgewiesen werden. Ohne sie gäbe es nach Kant keine reine Mathematik und auch keine reine Naturwissenschaft, die diesen Namen verdienen würde.

Besonders deutlich wird der Gegensatz zwischen Hume und Kant, wenn wir uns ihren Konzeptionen der Kausalität zuwenden. Während für Kant der Satz, dass alle Veränderungen in der Natur *»nach dem Gesetze der Verknüpfung von Ursache und Wirkung«*[59] geschehen, ein synthetischer Verstandesgrundsatz a priori ist, hat er nach Hume eine bloß wahrscheinliche Geltung.

Humes Interesse an der Relation zwischen Ursache und Wirkung (Kausalität) verdankt sich vor allem dem Umstand, dass sie die einzige Relation ist, die uns über das unmittelbare Zeugnis unserer Sinne hinausführt und uns über »Existenzen und Objekte« informiert, die uns weder im Gedächtnis noch in unseren äußeren Sinnen unmittelbar präsent sind.[60] Durch die Kausalität fügen sich die Bruchsteine unserer Wahrnehmungen, die Eindrücke und Ideen, zu einem Erfahrungsganzen zusammen. Sie ist für uns der ›Zement des Universums‹.[61]

Die Spezifika von Humes Auffassungen über die Natur von Ursache und Wirkung kann man sich vielleicht am besten vor dem Hintergrund einer Debatte verdeutlichen, die im 17. und 18. Jahrhundert über die kausalen Beziehungen zwischen (geistigen und körperlichen) Substanzen geführt worden ist: Der von Nicolas Malebranche in seiner Schrift *Von der Erforschung der*

Wahrheit (1674/75) vertretene *Okkasionalismus* verneint jegliche kausale Interaktion zwischen Substanzen. Wenn ich meinen Arm hebe, dann bin ich mir zwar bewusst, den Arm heben zu wollen; aber wie mein Geist den Körper, der von ihm doch gänzlich verschieden ist, in eine bestimmte Richtung zu bewegen vermag, entzieht sich meinem Wissen. Wovon ich nach Malebranche aber kein klares und deutliches Bewusstsein habe, das kann von mir auch nicht verursacht sein. Wie ist dann aber die notwendige Beziehung zwischen meinem Entschluss, den Arm heben zu wollen, und dem Heben des Arms zu verstehen? Malebranche erklärt diese Beziehung durch einen Eingriff Gottes: Mein Willensentschluss ist die Gelegenheitsursache (causa occasionalis) dafür, dass Gott meinen Arm bewegt. Was ich in der geistigen Welt beabsichtige, führt Gott in der körperlichen Welt für mich aus.

Mit seiner *Theorie der prästabilierten Harmonie* (harmonia praestabilitia) versucht Leibniz in seiner *Monadologie* (1714; publiziert 1720), die Harmonie zwischen den Tätigkeitsweisen von einfachen Substanzen zu erklären. Das Problem entsteht für Leibniz, weil er zum einen davon ausgeht, dass gemäß dem Satz vom zureichenden Grund kein Ereignis unverursacht existiert. Zum anderen vertritt er die Auffassung, dass Monaden, wie er die einfachen Substanzen nennt, »keine Fenster«[62] haben. Wenn Monaden nicht direkt miteinander kausal interagieren können, muss es einen anderen Grund dafür geben, warum (wie im Falle des Armhebens) eine Harmonie zwischen einem rein geistigen Entschluss und einer körperlich vollzogenen Handlung zu beobachten ist. Schließlich gibt es nach dem Satz vom zureichenden Grund keinen Zufall. Leibniz' These lautet: Gott selbst hat die Welt bei ihrer Erschaffung so eingerichtet, dass es den Anschein hat, als ob die Monaden direkt kausal miteinander kommunizieren würden. Das ist jedoch ein Trugschluss. Vom ersten Tag des Bestehens der Welt an stand fest, dass ich diese Worte schreiben und dass Sie diese Worte in diesem Moment lesen würden. Das Heben meines Armes erklärt sich nach Leibniz nicht durch das spontane Eingreifen Gottes anlässlich meines Entschlusses, den Arm heben und zum Lichtschalter führen zu wollen. Vielmehr hat Gott die körperliche und geistige Welt von Anfang an so aufeinander ausgerichtet, dass sich mein Arm bewegt, sobald ich das will, obwohl mein Wollen kausal ineffektiv ist.

Im Gegensatz zu Malebranche und Leibniz vertreten Descartes und Locke die Ansicht, dass Substanzen bzw. Körper einen physischen Einfluss (influxus physicus) aufeinander ausüben. So erklärt Locke den Wandel unserer Ideen durch die Differenz zwischen einer aktiven und einer passiven Kraft: Indem eine aktive Kraft auf eine passive Kraft wirkt, ruft sie Veränderungen unter unseren einfachen Ideen hervor. Das Feuer hat die aktive Kraft, Gold zu schmelzen, während das Gold die passive Kraft besitzt, geschmolzen zu werden.[63] Die Idee der Kraft erklärt den konstanten Wechsel der Dinge und ihrer Eigenschaften, die wir durch unsere Sinne wahrnehmen. Aus der Beobachtung dieses Wandels gewinnen wir die Ideen der Ursache und der Wirkung. »Dasjenige, was eine einfache oder komplexe *Idee* hervorbringt, bezeichnen wir mit dem allgemeinen Namen *Ursache*; und dasjenige, was hervorgebracht wird, *Wirkung*.«[64] Locke versteht Ursache und Wirkung also nicht als Realeigenschaften von Gegenständen, so wie sie an sich selbst beschaffen sein mögen; vielmehr stellen sie Namen von Dingen oder Ereignissen dar, die wir in Gestalt von Ideen durch unsere Sinne wahrnehmen. Damit gibt Locke der Kausalitätsdebatte eine *erkenntnistheoretische* Wende: Alles, was wir über Ursache und Wirkung sagen können, sagen wir vor dem Hintergrund der *ideenlogischen* Bedingungen, unter denen wir Menschen Dinge erkennen können. Ob die Materie, wie Locke spekuliert, nicht vielleicht auch denken kann, bleibt uns so lange verborgen, wie wir zu unserer Erkenntnis auf Ideen angewiesen sind, die aus unseren Sinnen stammen. Die Ideen legen einen Schleier über die Dinge, so dass wir sie ihrer inneren Natur nach nicht erkennen können.

Hume begibt sich auf die Spuren des lockeschen *way of ideas*, schreckt aber nicht davor zurück, sich in Landschaften unseres Denkens zu bewegen, die Locke nicht betreten hatte. Während Locke die Begriffe von Ursache und Wirkung auf wenigen Seiten abhandelt, steht die Kausalitätsproblematik nicht nur im Zentrum von Buch I des *Traktats*. Sie steht im Mittelpunkt von Humes gesamter Philosophie. Wenn unser Nachdenken über alle Arten von Tatsachen (physikalische, moralische, ästhetische, historische) auf der Relation zwischen Ursache und Wirkung beruht, dann hat diese Relation die besondere Aufmerksamkeit des Philosophen der menschlichen Natur in der Tat verdient.

Führen wir im Sinne Humes ein Experiment (Beobachtungen) durch, um die Natur von Ursache und Wirkung etwas genauer zu verstehen. Nehmen wir eine weiße Billardkugel und bewegen sie in Richtung einer ruhenden schwarzen Billardkugel.[65] Wir beobachten, dass sich die schwarze Kugel bewegt, nachdem sie von der weißen berührt worden ist. So oft wir dieses Experiment auch wiederholen, das Ergebnis ist das gleiche. Wir schließen daher, dass die weiße Kugel die Ursache für die Bewegung der schwarzen Kugel ist. Wir erwarten, dass die schwarze Kugel sich auch in Zukunft bewegen wird, sobald sie von einer anderen Kugel berührt wird.

Solch ein Experiment zeigt nach Hume, dass unsere Kausalurteile auf drei Voraussetzungen beruhen: Die Ursache befindet sich *erstens* zeitlich und räumlich betrachtet in der Nähe der Wirkung (*contiguity* in time and place). Würde die weiße die schwarze Kugel nicht berühren, dann würde sich die Letztere auch nicht bewegen. *Zweitens* geht die ursächliche Bewegung der bewirkten Bewegung zeitlich voraus (*Priority* in time). Die schwarze Kugel bewegt sich erst, nachdem die weiße sie berührt hat. Und *drittens* urteilen wir erst dann, dass die Bewegung der weißen Kugel die Ursache der Bewegung der schwarzen Kugel ist, nachdem wir das Experiment mehrere Male wiederholt haben. Hume nennt dies die »*konstante Verbindung* zwischen Ursache und Wirkung« (*constant conjunction* betwixt the cause and effect).[66]

Besondere Bedeutung für Humes Kausalitätsverständnis kommt der dritten Voraussetzung zu, die zur Problematik der Induktionsschlüsse überleitet. In allen Angelegenheiten des täglichen Lebens, der Geschichte und der Philosophie vertrauen wir dem Prinzip, dass gleiche Ursachen unter gleichen Bedingungen gleiche Wirkungen hervorrufen. Doch warum halten wir dieses Prinzip für vertrauenswürdig? Warum schließen wir, dass die weiße Kugel auch zukünftig die schwarze Kugel bewegen wird, wenn sie aufeinander treffen?

Führen wir ein weiteres Experiment durch. Versetzen wir uns in die Situation eines Menschen, der als Erwachsener geboren wurde und im Vollbesitz seiner geistigen Fähigkeiten ist, aber bisher keinerlei Erfahrungen gemacht hat. Wenn dieser Mensch zum ersten Mal in seinem Leben eine weiße Billardkugel sehen würde, die in Richtung einer schwarzen Kugel rollt, würde er dann erwarten, dass sie diese in Kürze in Bewegung setzen wird? Humes Antwort ist eindeutig: Dieser Mensch (Hume nennt ihn nach biblischem Vorbild Adam) vermag nicht von der Ursache auf die Wirkung zu schließen, weil die Ursache für sich betrachtet keine Qualität enthält, deren Erkenntnis ihn zu diesem Schluss berechtigen würde. Es gibt »nichts in irgendeinem Objekt, an sich selbst betrachtet, das uns einen Grund [reason] für einen Schluss geben würde, der über dieses Objekt hinausführt«[67]. Oder anders formuliert: »Beim ersten Anblick eines Gegenstandes lässt sich niemals vermuten, welche Wirkung er haben wird.«[68] Eine auf einem Billardtisch rollende Kugel ist eine rollende Kugel – und nichts anderes. Insbesondere kann Adam aus seiner Wahrnehmung der Kugel nicht auf ein zukünftiges Ereignis schließen. Erst wenn er zum wiederholten Male beobachtet hat, dass die weiße die schwarze Kugel in Bewegung setzt, vollzieht er einen solchen Induktionsschluss. Aber was berechtigt ihn und uns eigentlich zu einem derartigen Schluss, wenn dieser nicht auf der Erkenntnis bestimmter Gegenstandsqualitäten beruht?

Haben wir bisher wahrgenommen, dass Ereignisse der B-Klasse auf Ereignisse der A-Klasse folgen, schließen wir daraus, dass Ereignisse der A-Klasse die Ursache von Ereignissen der B-Klasse sind und unter gleichen Voraussetzungen auch zukünftig sein werden. Wir schließen auf diese Weise, weil wir aufgrund von Erfahrung und Gewohnheit daran *glauben*, dass die Zukunft der Vergangenheit gleichen wird. Dieser Glaube (belief) an die Gleichförmigkeit der Natur stellt sich aufgrund einer gleich bleibenden Erfahrung ein, die Hume Gewohnheit (custom, habit) nennt. Zeichneten sich die für uns unerkennbaren Dinge der Welt durch keine Gleichförmigkeit ihrer Verknüpfung aus, würden wir auch nicht an kausale Regelmäßigkeiten glauben können. Ohne Gleichförmigkeit des Naturverlaufs keine Gewohnheit – und ohne Gewohnheit keine (subjektiv empfundene) Gleichförmigkeit der Natur. Durch welche Kräfte und Eigenschaften sich diese Gleichförmigkeit des Naturverlaufs erklärt, entzieht sich zwar unserer Erkenntnis, ist für die Frage nach der Rechtfertigung unserer konkreten Kausalurteile aber auch völlig irrelevant. Die *epistemologische* Frage nach den kausalen Beziehungen zwischen unseren Erfahrungsgegenständen darf nicht mit der *metaphysischen* Frage nach den uns unbekannten Qualitäten verwechselt werden, die in uns diese Eindrücke hervorrufen. Gerade insofern diese beiden Fragen klar voneinander unterschieden werden, ist Humes »skeptischer Realismus«[69], d.h. die Tatsache, dass Hume die Existenz kausaler Kräfte in der Welt annimmt, die die Gleichförmigkeit des Naturverlaufs erklären, obwohl wir sie ihrer inneren Natur nach nicht erkennen können, philosophisch betrachtet eher uninteressant. Kein »vernünftiger und bescheidener« Philosoph hat sich jemals angemaßt,

> »die letzte Ursache eines Naturvorgangs anzugeben oder die Aktion jener Kraft deutlich aufzuzeigen, welche irgendeine Wirkung im Universum hervorbringt. Man gibt zu, daß das Äußerste, was menschliche Vernunft vermag, darin besteht, die Naturphänomene hervorbringenden Prinzipien zu größerer Einfachheit zu bringen und – mittels Analogieschließens, Erfahrung und Beobachtung – die vielen einzelnen Wirkungen auf einige wenige allgemeine Ursachen zurückzuführen. Wir würden aber vergeblich versuchen, die Ursachen dieser allgemeinen Ursachen [the causes of these general causes] zu entdecken, noch werden wir je imstande sein, uns mit irgendwelchen besonderen Erklärungen von ihnen zufriedenzugeben.«[70]

Weil wir nichts über die »Ursachen dieser allgemeinen Ursachen« aussagen können, erzeugen sie in uns auch keinen Glauben. Für unsere konkreten Kausalurteile, die auf der Gleichförmigkeitsannahme beruhen, sind sie irrelevant. Wie Hume allerdings überhaupt seine Auffassung, dass Eindrücke in uns hervorgerufen werden, rechtfertigen kann, obwohl wir keinerlei Erfahrungen von dieser Kausalbeziehung haben können, bleibt unklar. Ähnlich wie Kant mit seiner Unterscheidung zwischen Ding an sich und Erscheinung scheint auch Hume einen Begriff von Verursachung zu benötigen, den seine Theorie der Erfahrung nicht vorsieht.

Hume ist sich natürlich darüber im Klaren, dass die Gewohnheit keine Garantie dafür darstellt, dass unsere bisherigen Kausalschlüsse sich auch morgen noch praktisch bewähren. Ob das Wasser auch zukünftig meinen Durst löscht, ist eine Frage, die ich geneigt bin, positiv zu beantworten; eine metaphysische Gewissheit kann ich in dieser Angelegenheit aber nicht haben. Wir haben schlichtweg keine vernünftige Einsicht in die Realzusammenhänge der Natur. »Es ist daher nicht die Vernunft, die uns im Leben führt, sondern die Gewohnheit. Sie allein bestimmt den Geist, in allen Fällen anzunehmen, dass die Zukunft der Vergangenheit gleichen wird. Wie leicht auch immer dieser Schritt erscheinen mag, in alle Ewigkeit wird die Vernunft nicht fähig sein, ihn zu machen.«[71]

Mit dem Begriff des Glaubens beansprucht Hume, philosophisches Neuland betreten zu haben.[72] Doch welcher Zusammenhang besteht zwischen Gewohnheit und Glaube? Wodurch unterscheidet sich *unsere* Wahrnehmung einer weißen Billardkugel, die sich auf eine schwarze zu bewegt, von der Wahrnehmung dieses Ereignisses durch Adam? Nehmen wir im äußeren Verlauf der Dinge etwas wahr, was der im Umgang mit dieser Welt noch ungeübte Adam übersieht? Wenn dies zuträfe, erklärte sich unser Glaube an die zu erwartende Bewegung der schwarzen Kugel durch die Wahrnehmung eines Eindrucks oder einer Idee. Doch über eine derartige Wahrnehmung verfügen wir nicht. Verfügten wir über eine Idee, die unserem Glauben entspräche, dann könnten wir diese Idee durch unsere Einbildungskraft mit allen anderen Ideen vereinigen, bei denen dies widerspruchsfrei möglich ist. In diesem Falle wären unsere Kausalurteile aber völlig beliebig. Es gäbe keinen Grund, warum wir erst nach mehrmaliger Wiederholung des Experiments daran glauben sollten, dass die weiße die schwarze Kugel oder die schwarze die weiße Kugel in Bewegung setzt. Der Glaube würde sich nicht gemäß einem natürlichen Zusammenhang der Dinge einstellen, sondern wir könnten uns entschließen, zukünftig an beliebige Fiktionen zu glauben.

Die Antwort auf unsere Frage nach der Natur unseres Glaubens liegt also auf einer anderen Ebene. Der Glaube existiert nicht als Eigenschaft der von uns wahrgenommenen Dinge, sondern stellt eine bestimmte Art und Weise dar, in der wir sie wahrnehmen. Glaube »ist die unterschiedliche Art und Weise, ein Objekt wahrzunehmen; etwas, das durch das Gefühl unterschieden werden kann und nicht, wie bei allen unseren Ideen, von unserem Willen abhängt«[73]. Der Glaube widerfährt uns als die Weise, in der wir einen Gegenstand als existierend wahrnehmen.

Wie fühlt es sich an, an die Existenz eines Gegenstandes oder eines Ereignisses zu glauben? Hume kann an dieser Stelle nur an die Selbsterfahrung seiner Leser appellieren. Versuchen wir den Unterschied zwischen den Tatsachen, an die wir glauben, und den Dingen, an deren äußere Existenz wir nicht glauben, zu bezeichnen, dann stellen wir fest, dass unser entsprechendes Gefühl im ersten Fall stärker, lebendiger, fester oder intensiver ist. In jedem Fall bewirkt dieses Gefühl, dass wir an die Existenz des so wahrgenommenen Dings glauben. Unser Glaube richtet sich also nicht erst auf die Beziehung zwischen Ursache und Wirkung; er bezeichnet bereits den Unterschied zwischen einerseits den Eindrücken, die wir aus unseren Sinnen kennen und an die wir uns erinnern, und andererseits denjenigen komplexen Vorstellungen, die allein auf unserer Einbildungskraft beruhen. »Zu Glauben bedeutet in diesem Falle, einen unmittelbaren Eindruck der Sinne zu fühlen oder diesen Eindruck im Gedächtnis zu wiederholen.«[74] Gäbe es diesen »ersten Akt der Urteilskraft«[75], diesen »seelischen Vorgang, der [...] ebenso unvermeidlich ist wie das Gefühl der Liebe, wenn wir Wohltaten empfangen, oder des Hasses, wenn uns Unrecht widerfährt«[76], nicht, könnten wir auch nicht erklären, warum wir bestimmte Kausalurteile fällen. Mein Glaube richtet sich also entweder direkt auf die sinnliche Präsenz von Eindrücken (und meine Erinnerung an sie) oder aber auf eine Idee, von der ich glaube, dass ich sie unter bestimmten Bedingungen als Eindruck wahrnehmen werde, weil ich momentan einen bestimmten Eindruck habe. Im *Traktat* steht die zweite Bedeutung von Glaube im Zentrum von Humes Interesse, weil er uns über das unmittelbare Zeugnis unserer Sinne hinausführt: »Weil also der Glaube nichts anderes macht als die Art und Weise zu verändern, in der wir irgendein Objekt wahrnehmen, kann er unseren Ideen nur eine zusätzliche Kraft und Lebendigkeit verleihen. Eine Meinung oder der Glaube kann daher am genauesten definiert werden als *eine lebendige Idee, die bezogen ist auf oder assoziiert ist mit einem gegenwärtigen Eindruck.*«[77] An anderer Stelle schreibt Hume, dass eine Meinung (opinion) oder ein Glaube nichts anderes sei *»als eine starke und lebendige Idee, die von einem gegenwärtigen Eindruck, der mit ihr verbunden ist, abgeleitet«*[78] ist.

Sehe ich einen Apfel auf dem Küchentisch liegen (gegenwärtiger Eindruck), stellt sich in mir unweigerlich die lebendige Idee eines bestimmten Geschmackserlebnisses beim zukünftigen Genuss dieses Lebensmittels ein. Mein Glaube an dieses Erlebnis ist untrennbar mit der Wahrnehmung des Apfels verbunden. Ich schmecke quasi den Apfel, bevor ich ihn zu meinem Mund führe. Die Lebendigkeit meiner Idee dieses Geschmackserlebnisses erhebt sie beinahe in den Rang eines Eindrucks. Dieser assoziative Prozess erklärt, warum Hume auch von unserem Glauben an einen unmittelbaren Sinneseindruck spricht: Wenn der Unterschied zwischen dem Eindruck und der Idee auf der einen Seite und der geglaubten Idee und der bloßen Idee auf der anderen Seite einzig und allein durch den Grad ihrer Stärke und Lebendigkeit markiert wird, gibt es kaum einen Unterschied zwischen dem Eindruck und der Idee, an deren Existenz ich im Sinne eines zukünftigen Eindrucks glaube.

Die enge Beziehung zwischen dem lebendigen Eindruck und unserem Glauben an ein Objekt, das zukünftig existieren wird, drückt Hume auch in der Sprache der Kausalität aus: »Es ist dieser gegenwärtige Eindruck, der als die wahre und reale Ursache der Idee und des Glaubens, der sie begleitet, betrachtet werden muss.«[79] Kausal wirksam wird der Eindruck aber erst, nachdem wir wiederholt beobachtet haben, dass er in der Vergangenheit mit bestimmten Vorstellungen verknüpft war. Unsere Schlüsse von der Gegenwart auf die Zukunft setzen gleichförmige Erfahrungen in der Vergangenheit voraus.

Humes Erklärung kausaler Schlüsse gilt nicht nur für Ideen, die die Kopien äußerer Eindrücke darstellen, sondern auch für Ideen, die mit den verschiedenen Handlungen und Tätigkeiten meines Geistes verbunden sind. Habe ich bisher immer beobachtet, dass sich mein Arm hebt, wenn ich es will, stellt sich in mir unweigerlich der Glaube ein, dass er sich auch zukünftig heben wird, sobald ich einen entsprechenden Entschluss fasse. Wie es meinem Willen gelingt, dass sich mein Arm hebt, ist eine Frage, die ich nach Hume nicht zu beantworten brauche (und vielleicht auch gar nicht beantworten kann), um zu dem besagten Kausalurteil berechtigt zu sein. Habe ich bisher immer mit Abscheu auf den Genuss eines bestimmten Getränks reagiert, stellt sich in mir der Glaube ein, dass dies auch zukünftig so sein wird. Wenn ich nur klug bin, werde ich auf seinen Genuss zukünftig verzichten.

Worüber auch immer wir nachdenken, was auch immer wir uns vorstellen und wahrnehmen: Die Gewohnheit, die in uns ein besonderes Gefühl hervorruft, ist der Schlüssel zum Verständnis unserer Kausalurteile. Diese Gewohnheit ergreift unmittelbar, d.h. ohne Vermittlung einer demonstrativ verfahrenen Vernunft, Herrschaft über uns. »Die Gewohnheit ist tätig, bevor wir Zeit zum Reflektieren haben.«[80] Wie sie ihr Werk vollbringt und uns von der Gültigkeit des Prinzips überzeugt, dass die Zukunft der Vergangenheit gleichen wird, entzieht sich letztlich unserer Erkenntnis. Entscheidend für uns Menschen ist allein, dass die Gewohnheit diese Funktion hat.

Weil wir auf die Existenz von Dingen nicht mittels der Vernunft, sondern eben aufgrund eines besonderen Gefühls schließen, sind alle unsere Tatsachen betreffenden Urteile jedoch von bloß wahrscheinlicher Gültigkeit. Wenn es eine auf der Vernunft beruhende oder in den Dingen selbst liegende Notwendigkeit ihrer Verknüpfung geben würde, müssten wir nach Hume beispielsweise (wie Locke behauptete) auch eine Kraft oder Energie in oder zwischen ihnen erkennen können, die für diese Art der Verknüpfung verantwortlich ist. Doch aus welcher Perspektive wir die Dinge auch betrachten mögen, niemals entdecken wir eine derartige Kraft. Auch die Betrachtung unseres Willens führt uns nicht zu der Erkenntnis einer Kraft, die es diesem ermöglichen würde, Dinge mit Notwendigkeit hervorzubringen oder zu bewirken.

Obwohl unsere Kausalurteile keinen objektiven Status haben, verzichtet Hume nicht auf den Begriff der Notwendigkeit. Notwendigkeit ist für ihn ein Modus der subjektiven Bestimmtheit unseres Geistes, aufgrund deren wir subjektiv als alternativlos empfundene Erwartungen hinsichtlich der Verknüpfung von Ereignissen in der Welt haben. Unser Zweifel an der Geltung dieser Urteile wäre einfach nur lächerlich. Die Notwendigkeit der zwischen Ursache und Wirkung bestehenden Beziehung findet sich demnach allein in uns selbst, nämlich in der Art und Weise, wie es sich anfühlt, beispielsweise den Lauf einer weißen Kugel zu beobachten. Wir schließen mit Notwendigkeit, dass sich die schwarze Kugel bewegt, sobald die weiße auf sie trifft, obwohl dies rein logisch gesehen nicht zwingend ist.

Die »notwendige Verknüpfung« (necessary connexion)[81] zwischen Ursache und Wirkung beruht auf der Beobachtung einer »konstanten Verbindung« (constant conjunction) zwischen unseren Perzeptionen. Wir werden nach den Prinzipien der Assoziation subjektiv genötigt, bestimmte Kausalbeziehungen zwischen den Dingen herzustellen, sobald wir entsprechende Beobachtungen gemacht haben. Die Notwendigkeit steckt also nicht ›in den Dingen‹, sondern ist »nichts als ein innerer Eindruck des Geistes oder eine Bestimmtheit, unsere Gedanken von einem Objekt zum anderen zu führen«[82]. Weil sie einzig und allein auf Eindrücken und Ideen beruht, die in unserem Geist bestimmte Wirkungen hinterlassen, können wir in einem metaphysischen Sinne des Wortes nicht wissen, ob die von uns beobachteten Regelmäßigkeiten auch in Zukunft gelten werden. Wir Menschen machen uns ein Bild der Zukunft, das unserem Bild der Vergangenheit gleicht. Aber wir können angesichts unserer Unkenntnis der hinter dem Schleier unseres Ideenstroms wirkenden Ursachen niemals sicher sein, dass unsere Welt nicht schon im nächsten Moment aus den Fugen gerät. Wir vertrauen darauf, dass morgen die Sonne im Osten aufgehen und im Westen untergehen wird. Aber vielleicht werden wir auch enttäuscht. Nur die Erfahrung kann die Erfahrung bestätigen oder korrigieren.

Alle unsere Urteile über den kausalen Zusammenhang zwischen unseren Eindrücken und Ideen beruhen auf der Gewohnheit und setzen die Gleichförmigkeit der Natur voraus. Sollte sich der Lauf der Natur ändern, müssten wir auch unsere Urteile über die kausalen Verknüpfungen der Dinge untereinander ändern. Vielleicht würde dann die weiße die schwarze Billardkugel nicht mehr in Bewegung setzen – oder das Feuer die Ursache von Kälte sein und die Sonne im Westen aufgehen und im Osten untergehen. In jedem Fall würde sich nach einiger Erfahrung mit den neuen Gegebenheiten erneut ein Gefühl des Glaubens in uns einstellen, aufgrund dessen wir unsere neuen Kausalurteile fällen. Doch was wäre eigentlich, wenn Ereignisse und Dinge in der Welt überhaupt keine Regelmäßigkeiten aufwiesen? Was würde geschehen, wenn die Sonne heute im Süden, morgen im Osten und am dritten Tag vielleicht im Norden erschiene? Könnten wir über kausale Relationen urteilen, wenn wir am Lauf der Billardkugeln keine Regelmäßigkeiten mehr erkennen könnten? Abgesehen von der Tatsache, dass wir in einer völlig chaotischen Welt schwerlich überleben würden, zeigt dieses Gedankenexperiment etwas Wichtiges über die Natur unserer Kausalurteile: In einer Welt ohne regelmäßige Abfolge von Eindrücken und Ideen gibt es keine Gewohnheit – und ohne Gewohnheit stellt sich in uns kein Gefühl des Glaubens ein. Humes Theorie der Kausalität scheint also vorauszusetzen, dass es in den ›Dingen selbst‹ Regelmäßigkeiten gibt, ohne die die Regelmäßigkeit, mit der die Eindrücke auf der Bühne unseres Geistes auf- und wieder abtreten, nicht verständlich wäre.

Geben wir diesem Argumentationsgang eine leichte Wendung, dann erkennen wir die ganze Brisanz, die in ihm steckt. Alle unsere Kausalurteile setzen die drei Bedingungen der zeitlichen und räumlichen Nähe, der zeitlichen Priorität und der konstanten Verknüpfung voraus. Besonders die dritte Bedingung ist von zentraler Bedeutung, weil wir ohne sie niemals eine entsprechende Erwartung bezüglich der kausalen Verknüpfung von zwei Dingen ausbilden würden. Stellen wir uns nun aber ein Ereignis oder ein Objekt vor, das wir bisher nur einmal beobachtet haben. Warum sollten wir mit Blick auf dieses Objekt schließen, dass es selbst eine Ursache hat? Wenn die Notwendigkeit allein im Fühlen des Beobachters liegt, dieser aber aufgrund der Einzigartigkeit des beobachteten Objekts keine Regelmäßigkeit zwischen ihm und anderen Objekten feststellen konnte, wieso sollte dieser Beobachter dann überhaupt nach einer Ursache Ausschau halten?

Mit dieser Frage steht die Geltung der »allgemeinen Maxime der Philosophie«[83], wonach alles, was zu existieren beginnt, eine Ursache seiner Existenz haben muss, auf dem Prüfstand. Aristoteles behauptet in seiner *Metaphysik* zwar, dass wir ein Ding erst dann kennen, wenn wir seine erste Ursache[84] erkannt haben; aber er gibt keine Begründung dafür. Machen wir uns auf die Suche nach einem mathematisch gewissen Geltungsgrund des *allgemeinen* Kausalgesetzes, wonach alles, was zu existieren beginnt, auch eine Ursache seiner Existenz haben muss, werden wir nach Hume nicht fündig. Die mathematische Gewissheit resultiert aus dem Vergleich von Ideen und der Entdeckung von Relationen, die zwischen ihnen bestehen, solange diese Ideen dieselben bleiben.[85] Keine dieser Relationen impliziert aber die Geltung des allgemeinen Kausalgesetzes. Da ferner alles möglich ist, was keinen Widerspruch impliziert[86], und wir uns vorstellen können, dass ein Ding keine Ursache seiner Existenz hat, können wir die Geltung des allgemeinen Kausalgesetzes auch nicht durch die Vernunft rechtfertigen. Weder erkennen wir die Geltung der fraglichen Maxime mit den Mitteln der Demonstration noch mit jenen der Intuition. Gibt es also überhaupt eine Möglichkeit, die Maxime zu rechtfertigen? Im *Traktat* wird diese Frage nicht direkt, sondern über den Umweg einer Erörterung der Geltung des speziellen Kausalgesetzes beantwortet. Warum also schließen wir, »*dass diese besonderen Ursachen notwendigerweise diese besonderen Wirkungen haben müssen, und warum schließen wir von dem einen auf das andere*?«

Die Antwort auf diese Fragen ist uns schon vertraut: Wir schließen von dem einen Objekt auf das andere, weil wir aufgrund unserer ständigen Beobachtung und der allgemeinen Prinzipien der menschlichen Natur *fühlen*, dass das eine Objekt auf das andere folgen wird. Erklären wir demnach, wie und warum wir urteilen, dass gleiche Ursachen unter gleichen Bedingungen gleiche Wirkungen hervorbringen, haben wir zugleich erklärt, warum wir glauben, dass das allgemeine Kausalprinzip gilt. Aufgrund der von uns in der Natur beobachteten Regelmäßigkeiten haben wir keine andere Wahl, als zu glauben, dass es uns im Prinzip gelingen wird, zu jedem unserer Wahrnehmungsobjekte eine Ursache seiner Existenz zu benennen.

Diese Lösung des Problems sowohl der Geltung des allgemeinen wie des speziellen Kausalprinzips mit den Mitteln der Assoziationspsychologie hat bemerkenswerte Nebeneffekte: Hätte Aristoteles recht, dass wir ein Ding erst dann wirklich erkannt haben, wenn wir seine erste Ursache kennen, dann würden wir niemals ein Ding wahrhaft erkennen. Eine erste Ursache ist für Hume nicht zuletzt deshalb ein Unding, weil dieser Begriff nicht erklärt, was er erklären soll. In unserem Verlangen nach kausalen Erklärungen ist der Verweis auf eine erste Ursache immer willkürlich und ohne Aussagekraft. Die Metaphysik beansprucht, Einsichten in die Strukturen einer erfahrungsunabhängigen Wirklichkeit zu haben, die Humes Verständnis nach nicht zu rechtfertigen sind. Dies trifft im Übrigen auch für unseren Glauben an Ereignisse zu, die ihrer Definition gemäß den allgemeinen Naturgesetzen widersprechen. Berichtet eine Person von einem Wunder, schenken wir ihr vernünftigerweise keinen Glauben.

Gerade weil wir an die Geltung des allgemeinen und des speziellen Kausalprinzips glauben, d.h. durch die Natur selbst subjektiv genötigt werden, Kausalurteile zu fällen, nehmen wir auch ein Interesse daran, die eigentliche Ursache hinter jedem Objekt oder Ereignis zu erkennen. Dieses Interesse kann aber nicht durch die Erkenntnis einer letzten oder ersten Ursache befriedigt werden. Im Strom unserer Wahrnehmungen gibt es keine erste Ursache und selbstverständlich auch keine letzte Wirkung. Anfang und Ende unserer Wahrnehmungen werden einzig und allein durch die zufälligen Zeitpunkte unserer Geburt und unseres Todes markiert.

Mit seiner Theorie der Kausalität hat Hume seinem Selbstverständnis zufolge die Grundlage für eine Neuorientierung im Bereich der Philosophie gelegt. Die Debatte über den Primat von Vernunft oder Gefühl ist selbst im Bereich der »Logik«, die Hume psychologisch auffasst, eindeutig zugunsten des Letzteren entschieden. Wird die ›moralische‹ Natur des Menschen aus der Perspektive der experimentellen Methode betrachtet, stellen wir nach Hume zweifelsfrei fest, dass der Mensch durch und durch ein Sinneswesen ist. Die experimentelle Methode bestätigt sich gewissermaßen selbst, denn mittels ihrer gelingt es uns, sinnliche Evidenzen zu beschreiben, die für das Verständnis unserer auf Wahrscheinlichkeiten zielenden Erfahrung hinreichend und alternativlos sind. »Folglich ist alle Wahrscheinlichkeitserkenntnis nichts anderes als eine Art von Empfindung. Nicht allein in der Dichtung und in der Musik müssen wir unserem Geschmack und unserem Gefühl folgen, sondern in gleicher Weise in der Philosophie. Wenn ich hinsichtlich eines Prinzips überzeugt bin, ist es allein eine Idee, die mich stärker beeindruckt. Wenn ich einer Reihe von Argumenten den Vorzug vor einer anderen gebe, mache ich nichts anderes, als aufgrund meines Fühlens über die Überlegenheit ihres Einflusses zu entscheiden.«[88]

Wenn wir selbst in der Philosophie unserem Geschmack und unserem Gefühl folgen müssen, hat dies selbstverständlich auch Konsequenzen für die Natur unseres Wissens über die Kausalrelation selbst. Nicht nur beruht unser gesamtes Erfahrungswissen auf der Relation von Ursache und Wirkung, unser Wissen über diese Relation beruht seinerseits auf Erfahrung. Wir können die Natur unserer Erfahrung nur verstehen, wenn wir möglichst viele Erfahrungen möglichst gründlich analysieren. Letzte Gewissheiten kann es hier nicht geben. Wir können nur hoffen, bei der Analyse der Kausalrelation keinen entscheidenden Gesichtspunkt übersehen zu haben. Die Erfahrung lehrt uns auch, dass wir die Natur der Ursache nicht in einer einzigen Definition zu fassen vermögen. Betrachten wir unsere Erfahrung aus verschiedenen Perspektiven, entdecken wir zwei zentrale Eigenschaften, durch die sich die Ursache auszeichnet. Diese beiden Eigenschaften versucht Hume in der ersten *Untersuchung* in zwei Definitionen der Ursache auf den Punkt zu bringen. Die erste Definition zielt auf die zwischen Ursachen und Wirkungen bestehende Eigenschaft der Ähnlichkeit ab: Die Ursache ist ein »*Gegenstand, der einen anderen zur Folge hat, wobei alle dem ersten ähnlichen Gegenstände solche, die dem zweiten ähnlich sind, zur Folge haben*«[89]. Die zweite Definition stellt die psychische Seite von Kausalurteilen in den Mittelpunkt: Die Ursache ist ein Gegenstand, »*der einen anderen zur Folge hat und dessen Auftreten stets das Denken zu jenem anderen hinführt*«[90].

Hume beendet seine Überlegungen zu Erkenntnis und Wahrscheinlichkeit im *Traktat* und in der ersten *Untersuchung* mit Ausführungen über die Vernunft (reason) der Tiere, die auf fundamentale Gemeinsamkeiten im Urteilsverhalten zwischen Mensch und Tier aufmerksam machen sollen. Zeichnet sich der Mensch vor allen anderen Lebewesen durch seine Vernunft aus? Mitnichten. Die Vernunft ist »nichts als ein wunderbarer und unfasslicher Instinkt in unseren Seelen, der uns entlang einer gewissen Reihe von Ideen leitet und sie, gemäß ihrer besonderen Situationen und Beziehungen, mit besonderen Eigenschaften ausstattet«[91].

Wenn die Vernunft nichts anderes als ein Instinkt ist, der auf vergangenen Beobachtungen und Erfahrungen beruht, dann gibt es keinen prinzipiellen Unterschied zwischen Mensch und Tier.[92] Wie das Tier orientiert sich der Mensch an der Natur. Um sein Leben meistern zu können, benötigt er nicht mehr als eine nüchterne Beobachtungsgabe und eine Einbildungskraft, die sich immer der Grenze zwischen Fiktion und Wirklichkeit bewusst ist.

Wunder

Kurz bevor Hume das Manuskript der ersten beiden Bände seines *Traktats* zum Druck gibt, entschließt er sich, es um einige Passagen zu kürzen, von denen er fürchtet, dass sie als besonders anstößig empfunden und einer nüchternen Rezeption seines Werkes im Wege stehen werden. Hiervon betroffen ist vor allem seine Auseinandersetzung mit der christlichen Offenbarungstheologie, die zur Bestätigung ihrer Dogmen auf bestimmte Wunderereignisse verweist. In der ersten *Untersuchung* holt er das Versäumte nach und publiziert in ihr eine Kritik des Wunderglaubens, die bis auf den heutigen Tag die Gemüter erhitzt.

Humes Auseinandersetzung mit dieser Thematik wäre wohl nicht halb so interessant, würde sie nicht zugleich auf ein Problem hinweisen, das sich innerhalb seiner eigenen Philosophie stellt. Denn wenn Hume ein Wunder als eine »Verletzung der Naturgesetze«[93] definiert, stellt sich die Frage, warum es seinem eigenen Kausalitätsverständnis nach keine Wunder geben sollte. Alle unsere Urteile über den Gang der Natur beruhen auf bisherigen Erfahrungen. Wir sind aufgrund von Gewohnheit bestimmt zu glauben, dass die Sonne morgen im Osten aufgehen wird. Aber weil unser Glaube eine subjektive Bestimmung unseres Gemüts nach Assoziationsgesetzen ist, handelt es sich hierbei um keine logische Notwendigkeit. Rein logisch betrachtet könnte die Sonne morgen auch woanders aufgehen. Diese Ungewissheit gilt für alle Kausalurteile. Warum sollte es nicht möglich sein, dass kommenden August Schnee in Rom fällt oder Billardkugeln wie Luftballons plötzlich zum Himmel aufsteigen? Obwohl dies alles nicht sehr wahrscheinlich ist, scheint es auch nicht völlig unmöglich zu sein.

Tatsächlich erwähnt Hume auch kein einziges Argument, das die beschriebenen Ereignisse mit absoluter Gewissheit ausschließt. Als Empirist kann er nur empirische Gründe für Wahrscheinlichkeiten anführen. Danach besteht eine – sei es auch noch so geringe – Wahrscheinlichkeit dafür, dass die Römer im August Schlitten fahren können. Aber würden wir einer Person, die berichtet, im August Schnee auf den sieben Hügeln Roms gesehen zu haben, glauben? Vielleicht. Würden wir dieser Person auch glauben, dass sich gestern plötzlich ihr Wohnzimmerteppich erhoben und wie von Geisterhand bewegt mit ihr durch ihre Wohnung geflogen sei? Sicherlich nicht. Wir würden ihrem Bericht nicht glauben, weil er allen Erfahrungen widerspricht, die wir in unserem bisherigen Leben gemacht haben. Wir halten es für wahrscheinlicher, dass die fragliche Person uns täuschen will oder getäuscht worden ist, als dass das von ihr berichtete Ereignis tatsächlich stattgefunden hat. Kein vernünftiger Mensch schenkt einer derartigen Geschichte Glauben.

Im Zentrum der Wunderdebatte steht also die Glaubwürdigkeit von Wunderberichten und damit die Bewertung von Evidenzen, die für oder gegen die Überzeugungskraft von Wunderberichten sprechen. Zur Feststellung der Glaubwürdigkeit eines Wunderberichts schlägt Hume folgende Definition vor: »Wäre die Falschheit seines Zeugnisses wunderbarer als das von ihm berichtete Ereignis, dann, und nur dann, kann er meinen Glauben oder meine Überzeugung beanspruchen.«[94]

Wählen wir ein anderes Beispiel. Nehmen wir um der Argumentation willen an, eine Person würde Ende Juli 1969 aus einem zwei Jahrzehnte dauernden Koma erwachen, und es würde ihr noch auf dem Krankenbett berichtet, dass vor wenigen Tagen der erste Mensch seine Füße auf die Oberfläche des Mondes gesetzt habe. Wäre es für die Person vernünftig, diesem Bericht zu glauben? Höchstwahrscheinlich nicht. Nach allen Erfahrungen, die sie in ihrem bisherigen Leben gemacht hat, grenzt ein derartiges Ereignis an ein Wunder. Allerdings *grenzt* eine Mondlandung nur an ein Wunder, *ist* Humes Definition eines Wunders gemäß aber kein Wunder, weil sie nicht den Naturgesetzen widerspricht. Selbst der ehemalige Komapatient wird dem Bericht über die Mondlandung vernünftigerweise seine Zustimmung nicht verweigern, sobald er mit allen Evidenzen vertraut gemacht worden ist.

Wenn nach Humes Verständnis Wunder Ereignisse sind, die den Naturgesetzen förmlich widersprechen und nicht nur (wie im Falle der Mondlandung für den ehemaligen Komapatienten) mit unseren bisherigen Erfahrungen nicht vereinbar sind, benötigen wir ein Kriterium, mittels dessen wir zwischen sehr unwahrscheinlichen Ereignissen und förmlichen Wundern unterscheiden können. »Erstaunliche« (marvellous) Ereignisse wie eine Mondlandung können prinzipiell durch Naturgesetze erklärt werden, »wunderbare« (miraculous)[95] Geschehnisse dagegen nicht. Da Wunder und Wunderberichte Tatsachen betreffen und unser gesamtes Tatsachenwissen von bloß wahrscheinlicher Gültigkeit ist, kann das gesuchte Kriterium seinerseits nur Wahrscheinlichkeiten betreffen, auch wenn Hume in diesem Zusammenhang den Ausdruck »Beweis« (proof) verwendet: »Ein kluger Mensch richtet sich in seinem Glauben deshalb nach der Evidenz. In Folgerungen, die auf einer untrüglichen Erfahrung beruhen, erwartet er das Ereignis mit höchstem Gewißheitsgrade und betrachtet seine vorgängige Erfahrung als vollen *Beweis* für das zukünftige Eintreffen des Ereignisses.«[96] Weil man mit der Postkutsche, zu Pferde und mit dem Schiff den Mond nicht erreicht, wäre es für Hume vernünftig gewesen, nicht an die Möglichkeit einer Mondlandung zu glauben. Ganz in diesem Sinne äußert sich auch Thomas Reid in seinen *Versuchen über die aktiven Kräfte des menschlichen Geistes* (1788): »Ein Mensch mag wünschen, den Mond oder den Planeten Jupiter zu besuchen, aber er kann dies nicht wollen oder sich dazu entschließen, weil er weiß, dass es nicht in seiner Macht ist.«[97]

Mit diesen Überlegungen würden wir uns im Kreis drehen, wenn sich das von uns gesuchte Kriterium direkt auf das fragliche Ereignis und nicht auf die besonderen Umstände beziehen würde, unter denen von dem Ereignis berichtet wird. Diese Umstände stellen den Schlüssel zum tieferen Verständnis von Humes Wunderkritik dar. Wunderberichte widersprechen nicht einfach so den Naturgesetzen, sie widersprechen ihnen vielmehr, weil Gott ihre Ursache ist. Ein Wunder kann deshalb nach Hume genauer definiert werden als *»eine Überschreitung eines Naturgesetzes durch einen besonderen Willensakt der Gottheit oder durch Vermittlung einer unsichtbaren Wirkkraft«*[98]. Mit anderen Worten: Wunder stehen in einem religiösen oder theologischen Kontext, und Hume diskutiert in seinem Versuch »Über Wunder« primär die Frage, ob wir einem Wunderbericht Glauben schenken sollten, der in einen derartigen Kontext eingebunden ist.

Prüfen wir die Argumente, die gegen die Glaubwürdigkeit religiöser Wunderberichte sprechen, summieren sie sich zu einem förmlichen Beweis für ihre Unglaubwürdigkeit: *Erstens* finden sich nach Hume in der ganzen Geschichte der Menschheit keine Wunder, die von einer hinreichend großen Zahl gebildeter (und damit vertrauenswürdiger) Menschen bezeugt worden sind. *Zweitens* beruht unser Hang, an außergewöhnliche Ereignisse zu glauben, auf dem »Affekt der *Überraschung* und der *Verwunderung*, der aus Wundern entsteht und eine angenehme Gemütserregung ist«[99]. *Drittens* sind Wunderberichte »hauptsächlich bei unwissenden und barbarischen Völkern anzutreffen«[100] und ereignen sich sonderbarerweise nicht in unserer Zeit. *Viertens* schließlich wird die Glaubwürdigkeit eines Wunderberichts durch Zeugnisse verringert, die gegen ihn sprechen. Hume verweist auf unnatürliche Ereignisse, die die Wahrheit einer bestimmten Religion unterstützen sollen. Durch die Wunder anderer Religionen werden sie aber selbst unglaubwürdig. Bei widerstreitenden oder konträren religiösen Zeugnissen verhält es sich wie bei entsprechenden Zeugenaussagen vor Gericht: Der Richter bezweifelt die Glaubwürdigkeit aller Zeugenaussagen. »Jedes Wunder, das angeblich in einer dieser Religionen gewirkt worden ist (und sie alle wimmeln von Wundern), bezweckt demnach unmittelbar die Errichtung des besonderen Systems, dem es zugeschrieben wird; so hat es, wenn auch mittelbarer, die gleiche Kraft, jedes andere System umzustürzen. Indem es ein rivalisierendes System zerstört, zerstört es gleichermaßen die Glaubwürdigkeit jener Wunder, auf die jenes System gegründet war. So kann man die außernatürlichen Geschehnisse der verschiedenen Religionen als einander widersprechende Tatsachen betrachten und die Aussagen über diese Geschehnisse – mögen sie schwach oder beweiskräftig sein – als einander entgegengesetzt.«[101]

Legen wir alle Zeugnisse für Wunder in die eine und unsere bisherigen Erfahrungen in die andere Waagschale, kann nach Hume kein Zweifel darüber herrschen, welche den Ausschlag geben. Kein menschliches Zeugnis kann »so stark sein [...], ein Wunder zu beweisen und es zu einer berechtigten Grundlage für ein solches Religionssystem zu machen«[102]. Doch was ist mit dem Menschen, der persönlich Zeuge eines Wunderereignisses gewesen ist? Weil nach Hume alles möglich ist, was wir uns vorstellen können, und wir uns sehr wohl vorstellen können, dass Holzfiguren ›weinen‹ oder Tote wieder lebendig werden, kann ein derartiges Ereignis nicht a priori ausgeschlossen werden. Wird der Zeuge seinen eigenen Sinnen trauen? Vielleicht, vielleicht auch nicht. In jedem Fall wird er wissen, dass ihm keine vernünftige Person glauben wird, wenn er ihr von dem Ereignis berichtet. Glaubt eine Person dennoch einem Wunderbericht – und nach Hume setzt jede Religion die Anerkennung derartiger Berichte voraus –, dann ist dieser Glaube selbst ein Wunder. Eine Person erkennt ein Zeugnis an, das keine Anerkennung verdient.

Ohne dies intendiert oder auch nur geahnt zu haben, drückt Hume mit der ironisch gemeinten Schlusspointe seines Wunder-Essays das Selbstverständnis vieler religiöser Menschen in der Moderne aus: Sie erkennen die Differenz zwischen religiösem Glauben und Wissen an und akzeptieren die Irrelevanz von Wunderberichten als ›vernünftigen‹ Zeugnissen ihres Glaubens, ohne die subjektive Realität und Relevanz ihres Glaubens in Frage zu stellen. »Vernunft allein reicht nicht aus, uns von ihrer [sc. der christlichen Religion, H.K.] Wahrheit zu überzeugen; und wen der *Glaube* [faith] bewegt, ihr zuzustimmen, ist sich eines fortwährenden Wunders in seiner eigenen Person bewußt, das alle seine Verstandesprinzipien umkehrt und ihn bestimmt, das Gewohnheit und Erfahrung am meisten Entgegengesetzte zu glauben.«[103]

Der teleologische Gottesbeweis

Wunder sollen uns von der Existenz einer übernatürlichen Wirklichkeit und nicht zuletzt von der Wahrheit einer speziellen Offenbarungsreligion überzeugen. Die abendländische Philosophie hat ein weiteres Instrumentarium geschaffen, Menschen von der Existenz einer jenseitigen Realität zu überzeugen: die Gottesbeweise. Während Wunder als partikulare Offenbarungen durch ihre Außergewöhnlichkeit überzeugen wollen, setzen Philosophen und Theologen auf die allen Menschen zukommende Vernunft, wenn sie das Dasein Gottes im Rahmen der natürlichen Religion (allgemeine Offenbarung) beweisen und seine natürlichen und moralischen Eigenschaften erkennen wollen.

Nach einem Vorschlag von Kant sind drei Gottesbeweise[104] zu unterscheiden. Der *ontologische* Gottesbeweis ist a priori und besagt, dass die Existenz Gottes aus seinem Begriff bzw. aus seiner Idee folgt. Denn wenn Gott ein Wesen ist, dem nichts fehlt, dann kommt ihm auch das Prädikat der Existenz zu. Der *kosmologische* Beweis setzt Erfahrung von der Existenz der Welt als solcher voraus und argumentiert, dass die Welt eine erste Ursache haben muss, weil nichts Kontingentes unverursacht existieren kann. Diese erste, notwendige und ihrerseits unverursachte Ursache der Welt ist Gott. Der *physikotheologische* Gottesbeweis ist wie der kosmologische a posteriori, bezieht sich im Unterschied zu diesem aber auf bestimmte Eigenschaften und Qualitäten der empirisch erkennbaren Welt. Diese Eigenschaften sind die der Zweckmäßigkeit, der Ordnung und der Harmonie. Kann es Zufall sein, dass wir in der Welt diese Eigenschaften finden? Die Anhänger des physikotheologischen Gottesbeweises, der auch teleologischer Beweis oder – wie von Hume – »argument from design«[105] genannt wird, ziehen eine Analogie zu Produkten menschlicher Zwecktätigkeit und verneinen diese Frage. So wie sich die Zweckmäßigkeit eines Hauses durch die planvolle Tätigkeit eines Architekten erklärt, lassen sich die zweckmäßigen Einrichtungen in dieser Welt auf die Urheberschaft Gottes zurückführen.

Humes Hauptinteresse an den Gottesbeweisen gilt aus zwei Gründen dem teleologischen Gottesbeweis: Er beruht auf Erfahrung, und es handelt sich dabei um den populärsten und auch von vielen Philosophen geschätzten Beweis. Vor allem sein Bezug zur Erfahrung macht ihn in den Augen Humes interessant. Überzeugt uns die Existenz eines einzigen Hauses auf einer einsamen Insel unmittelbar von dem Dasein intelligenten Lebens auf ihr, müsste uns die Wahrnehmung zweckmäßiger Einrichtungen in unserer Welt umso mehr von der Existenz Gottes überzeugen. Auch wenn diese empirischen Evidenzen sich zu keinem förmlichen Beweis summieren würden, könnten sie doch das Dasein Gottes einigermaßen plausibel erscheinen lassen.

Hume hat also einen guten Grund, den teleologischen Gottesbeweis sehr ernst zu nehmen. Die Frage ist nur, ob die von uns beobachtete Zweckmäßigkeit der Natur hinreichend ist, um von ihr auf die Existenz Gottes zu schließen. Da wir es mit einem aposteriorischen, Tatsachen betreffenden Argument zu tun haben, können wir selbstverständlich nur Wahrscheinlichkeiten erwarten. Wie wahrscheinlich folgt Gottes Existenz aus der Zweckmäßigkeit der Welt? Ist sie so wahrscheinlich wie der Aufgang der Sonne im Osten? Oder so unwahrscheinlich wie blühende Mandelbäume im ewigen Eis der Antarktis? Möglicherweise kommt seiner Existenz aber auch eine mittlere Wahrscheinlichkeit zu, so dass wir keine eindeutige Antwort geben können. Ob wir an Gottes Existenz glauben oder nicht, wäre dann eine Frage persönlicher Präferenzen.

Als Hume vor der Frage stand, wie sich die Thematik der natürlichen Religion literarisch am besten aufbereiten ließe, wird er vielleicht nicht zuletzt deshalb die Dialogform gewählt haben, weil sie eine unparteiische und ergebnisoffene Diskussion zwischen den Vertretern der unterschiedlichen Positionen möglich macht. Diese Form der Darstellung scheint sogar aufgrund der Natur der Thematik geboten zu sein: »Es gibt jedoch eine Art von Streitfragen, die infolge der Natur der Sprache und der menschlichen Vorstellungen beständig in Zweideutigkeiten verwickelt sind und durch keine Vorsichtsmaßregeln oder Definitionen zu vernünftiger Sicherheit und Bestimmtheit gebracht werden können.«[106]

Wenn die Frage nach einem förmlichen Beweis der Existenz Gottes zu dieser Art von Streitfragen gehört, was liegt dann näher, als den Leser selbst in die Verantwortung zu nehmen und ihm die Argumente pro und contra möglichst in einer vorurteilsfreien Weise zu präsentieren? Hume jedenfalls entschließt sich bereits in den 1750er Jahren dazu, das Thema in Gestalt eines fiktiven Dialogs abzuhandeln, ohne sich selbst in ihm zu erkennen zu geben. Nur ein einziges Mal betritt er als anonymer Autor in einer Anmerkung die Bühne der *Dialoge*. Symptomatisch für den Charakter dieser Schrift dürfte dabei der Umstand sein, dass er in dieser Anmerkung den besagten Streit für »gänzlich verbaler Natur« erklärt: Der Skeptiker muss sich bei allem Zweifel mit Zuversicht für etwas entscheiden, während kein Dogmatiker in den Wissenschaften vorhandene Schwierigkeiten leugnen wird. »Der einzige Unterschied zwischen diesen Sekten, wenn sie den Namen verdienen, ist also der, daß der Skeptiker aus Gewohnheit, Willkür oder Neigung auf die Schwierigkeiten, der Dogmatiker aus gleichen Ursachen auf die Notwendigkeit größeres Gewicht legt.«[107]

Hume stellt sein Buch als einen Bericht dar, den der junge Pamphilus für seinen Freund Hermippus über ein Gespräch verfasst hat, das zwischen seinem Lehrer Cleanthes, der die Position der Stoa vertritt, dem traditionellen Theologen Demea und dem Skeptiker und Fideisten Philo stattgefunden hat. Thema ihres Streitgesprächs soll allerdings nicht das Dasein Gottes sein, das für alle Beteiligten außer Frage steht, sondern vielmehr seine Natur.[108] Was können wir über die Eigenschaften Gottes wissen? Ist er die höchste und vollkommene Intelligenz? Ist er gnädig und gut oder rachsüchtig und schlecht?

Ohne dass die Gesprächsteilnehmer dies thematisieren würden, gibt es selbstverständlich einen engen Zusammenhang zwischen der Frage nach den natürlichen und moralischen Eigenschaften Gottes auf der einen und seiner Existenz auf der anderen Seite. *Erstens* wird unser Verhältnis zu Gott wesentlich durch die Prädikate bestimmt, mit denen wir ihn zu erkennen glauben. Ist Gott allmächtig und in unserer Welt gegenwärtig? Verlangt er Gehorsam von uns? Wie lauten seine Gebote? Warum ist der Mensch in der göttlichen Schöpfung so wichtig? Wenn wir diese und andere die Natur Gottes betreffenden Fragen nicht beantworten könnten, würden wir entweder verzweifeln oder uns nicht weiter mit ihnen beschäftigen. Seine Existenz wäre uns so gleichgültig wie ein Rätsel, das aus logischen Gründen nicht aufgelöst werden kann. Eine bestimmte Richtung innerhalb der neuzeitlichen Philosophie (und auch Hume scheint ihr nicht fern zu stehen) jedenfalls hat der Frage nach der Relevanz unseres Gotteswissens einen moralischen Anstrich gegeben: Wenn es einen Gott gibt, dann müssen wir ihn uns als ein moralisch vollkommenes Wesen vorstellen, dem wir dadurch am besten dienen, dass wir moralisch sind. Die moralischen Verbindlichkeiten erkennen wir aber bereits durch ein genaues Studium der menschlichen Natur oder durch unsere Vernunft. Spezifisch religiöse Einsichten in die Natur dieser Verbindlichkeiten gibt es nicht.

Zweitens kann die Frage nach der Natur Gottes schon deshalb nicht von der nach seiner Existenz getrennt werden, weil die erste nur dann Sinn ergibt, wenn Gott existiert. Sollte es uns also gelingen, aus der Ordnung, Harmonie und Zweckmäßigkeit der Welt auf bestimmte Eigenschaften Gottes zu schließen, dann hätten wir mit diesem Gedankengang entweder zugleich die Existenz Gottes bewiesen oder wir bedürften einer entsprechenden ergänzenden Beweisführung. Genau dies ist die These von Kant. In der *Kritik der reinen Vernunft* versucht er zu zeigen, dass der ontologische Gottesbeweis die Voraussetzung sowohl des kosmologischen wie des physikotheologischen Gottesbeweises ist. Scheitert der ontologische Gottesbeweis, können wir die Existenz Gottes mit den Mitteln der spekulativen Vernunft nicht beweisen.

Trotz anfänglich gegenteiliger Behauptung scheint auch den Gesprächspartnern in den *Dialogen* klar zu sein, dass neben der Natur immer auch die Existenz Gottes zur Debatte steht. Erkennen wir Gottes Natur, haben wir zugleich seine Existenz erkannt. So behauptet Cleanthes über den teleologischen Beweis: »Durch diesen Beweis *a posteriori* und durch diesen Beweis allein begründen wir zugleich das Dasein einer Gottheit und ihre Ähnlichkeit mit menschlichem Geist und Verstand.«[109]

Allerdings sind die Dialogpartner nicht bereit, aus dem Scheitern der Gottesbeweise den Schluss zu ziehen, dass Gottes Existenz zweifelhaft ist. Wenn die Vernunft versagt, bleiben Autorität und Glaube. Sie sind die Voraussetzung unseres auf die Erkenntnis von Gottes Eigenschaften gerichteten Vernunftgebrauchs. Gottes Dasein leuchtet jedem Menschen auch ohne philosophische Beweisführung ein, weil der natürliche Glaube an eine ursprüngliche und erste Ursache am Anfang und am Ende unseres Vernunftgebrauchs steht. Nur weil wir an das Dasein Gottes glauben, fragen wir nach seiner Natur, und wenn wir nach seiner Natur mit den Mitteln von Vernunft und Philosophie fragen, enden wir beim Glauben (faith), weil – wie der Skeptiker zeigt – sich die Vernunft selbst aufhebt. Der Skeptiker Philo wagt gegen Ende des Dialogs den Sprung in den religiösen Glauben, weil dieser Glaube allein uns Sicherheit und Vertrauen geben kann. Als Skeptiker ist Philo ›Humeaner‹, als Fideist aber zieht er eine Konsequenz aus dem Skeptizismus, die Hume zurückweisen würde. Philo überwindet den radikalen Skeptizismus durch den transzendenten Glauben (faith), Hume durch den innerweltlichen, d.h. auf natürliche Gegenstände unserer Erfahrungswelt gerichteten Glauben (belief). Für Philo ist die skeptische Einsicht in die Grenzen unseres Wissens der Schlüssel zum Offenbarungsglauben: »Ein Mensch, der eine richtige Empfindung für die Unvollkommenheiten der natürlichen Vernunft hat, wird sich mit der größten Begierde der offenbarten Wahrheit in die Arme werfen [...]. Philosophischer Skeptiker zu sein ist bei einem Gelehrten der erste und wesentlichste Schritt auf dem Weg zu einem echten gläubigen Christen.«[110]

Für Hume ist Philos Sprung in den religiösen Glauben zwar nicht vernünftig, aber in gewisser Weise doch natürlich. Betrachten wir nämlich die menschliche Natur in ihrem ›natürlichen‹ Verlauf, müssen wir nach Hume feststellen, dass viele Menschen die sehr starke Neigung empfinden, außergewöhnliche Dinge zu tun und an ungewöhnliche Dinge zu glauben. Als ›Geographen der menschlichen Natur‹ können wir die natürlichen Ursachen dieser Neigung feststellen und uns auf diese Weise zugleich von den Chimären einer Einbildungskraft befreien, die in der Dunkelheit der Nacht Herrschaft über jeden Einzelnen von uns erlangen können, wenn wir die empirischen Zügel der Einbildungskraft nicht fest im Griff behalten. Als philosophische Skeptiker sollten wir unser Urteil über die ›letzten Dinge‹ »in der Schwebe halten oder zu halten bestrebt sein«[111]. Doch dies gelingt nicht immer und nicht allen von uns. Einige wagen den Sprung in den Glauben, während andere auf den Dogmatismus zurückfallen, der die Existenz Gottes mit den Mitteln der Vernunft zu beweisen versucht. Letzteres scheint bei Pamphilus der Fall zu sein, der am Ende seines Berichts gesteht, »dass ich auf ernstliche Überlegung des Ganzen nicht umhin kann zu denken, dass Philos Grundsätze wahrscheinlicher sind als Demeas, dass aber die des Cleanthes der Wahrheit noch näher kommen«[112].

Cleanthes hatte im Verlauf der Unterredung den teleologischen Gottesbeweis mit eindringlichen Worten der Bewunderung für die zweckmäßige Ordnung der Welt zu verteidigen versucht: »Die wunderbare Angemessenheit von Mitteln und Zwecken in der ganzen Natur gleicht genau, wenn sie auch weit darüber hinausgeht, den Hervorbringungen menschlicher Kunst, menschlicher Absicht, Weisheit und Einsicht. Da also die Wirkungen einander gleichen, werden wir nach allen Regeln der Analogie zu dem Schluß geführt, daß auch der Urheber der Natur dem Geist des Menschen einigermaßen ähnlich ist.«[113] Demea lehnt dieses Argument aus der Perspektive des »wahren Theisten«[114] ab, weil der Anthropomorphismus, d.h. die Darstellung Gottes nach dem Bilde des Menschen, niemals zum Begriff der vollkommenen Einfachheit des höchsten Wesens führt. Während sich Cleanthes und Demea daraufhin wechselseitig des Atheismus beschuldigen, mahnt Philo zur Sachlichkeit und setzt zu einer fundamentalen Kritik am teleologischen Gottesbeweis an.

Aufgrund zahlreicher ähnlicher Äußerungen, die wir in seinen anderen Schriften finden, wird man kaum bezweifeln können, dass Hume persönlich die von Philo gegen den Anthropomorphismus vorgetragenen Einwände teilt oder doch für sehr plausibel ansieht. Einige dieser Einwände und Überlegungen Philos lauten wie folgt: (a) Wenn die materielle Welt auf einer ideellen Welt beruht, warum beruht die ideelle Welt dann nicht auf einer dritten Welt und diese auf einer vierten usw.? Warum sollten wir uns mit der Welt der Intelligenzen zufriedengeben? (b) Wir nehmen die Existenz eines vollkommenen Baumeisters an, um die Ordnung, die wir in der Welt wahrnehmen, zu erklären. Aber was erklärt diese Annahme? Wäre es nicht ebenso sinnvoll, die Ordnung der materiellen Welt durch einen Akt der Selbstorganisation zu erklären? (c) Betrachten wir die Art unseres Denkens, stellen wir fest, dass uns »Spekulationen, welche die engen Grenzen des menschlichen Verstandes so weit überschreiten«[115], nicht befriedigen. Unser Denken verlangt nach einem Bezug zu den offenkundigen Tatsachen unseres Lebens. Entfernen wir uns zu sehr von ihnen und stellen metaphysische Spekulationen über erste Ursachen und verborgene Qualitäten an, maskieren wir nur unsere Unwissenheit.[116] (d) Da der teleologische Gottesbeweis die Geltung des Prinzips, dass gleiche Wirkungen gleiche Ursachen haben, voraussetzt, ist Gott uns Menschen ähnlich und somit nicht vollkommen. Vielleicht ist die Welt das zufällige Produkt eines einzelnen unvollkommenen Wesens, das zuvor einige Fehlversuche unternommen hat. Oder die Vollkommenheit der Welt geht auf das Zusammenwirken mehrerer unvollkommener Wesen zurück.[117] (e) In unserem alltäglichen Leben beobachten wir, dass »Leib und Geist einander stets begleiten müssen«[118]. Nach dem Prinzip der Ähnlichkeit müsste dies auch für die Gottheit gelten. Wenn Gott uns Menschen gleicht, dann müsste die Welt der Körper Gottes und Gott die Seele der Welt sein. (f) Weil wir zwar die Wirkungen der Prinzipien von Vernunft und Natur aus der Erfahrung kennen, niemals aber Einsicht »in die Prinzipien selbst und ihre Wirkungsweise«[119] haben, kann uns die Erfahrung kein sicheres Wissen über Angelegenheiten und Sachverhalte vermitteln, die sie übersteigen.

Philos Kritik ist für den teleologischen Gottesbeweis vernichtend, weil sie zeigt, dass der Anthropomorphismus keine geeignete Strategie ist, um unsere Erfahrung zu überschreiten. Wir können Gott aus unserer Erfahrung nicht beweisen. Seine Kritik zeigt aber auch, dass die Harmonie und Zweckmäßigkeit der Natur auf anderen Ursachen als der Existenz Gottes beruhen kann. Dennoch bekennt Philo, dass, wenn er gezwungen würde, ein »einzelnes Weltsystem zu verteidigen (was ich nie freiwillig tun würde)«, er »keines für annehmbarer« erachte »als das, welches der Welt ein ewiges, ihrem Wesen angehöriges Prinzip der Ordnung, wenngleich von großen und beständigen Umwälzungen und Veränderungen begleitet, zuschreibt«[120].

Ob dieses Weltsystem »mit einem Male alle Schwierigkeiten«[121] löst, wie Philo behauptet, dürfen wir getrost bezweifeln. Aber vielleicht bereitet dieses unter allen Systemen deshalb die geringsten Schwierigkeiten, weil es auf die Aufstellung zusätzlicher Hypothesen verzichtet, durch die – wie im Falle der Annahme eines vollkommenen Gottes im Rahmen des ontologischen Gottesbeweises – mehr Probleme erzeugt als gelöst werden.

In einer Grade und Wahrscheinlichkeiten betreffenden Angelegenheit gibt es keine letzten Gewissheiten. Es ist daher müßig, größere Evidenzen erreichen zu wollen, als der Sache angemessen sind. Die *Dialoge* scheinen in einem Patt zu enden. »Der Theist gesteht zu, daß die ursprüngliche Intelligenz sehr verschieden von menschlicher Vernunft ist, der Atheist gesteht zu, daß das ursprüngliche Prinzip der Ordnung einige entfernte Ähnlichkeit damit hat.«[122] Doch dieser Schein trügt. Philos Vorschlag, die rein verbale Natur des Streits anzuerkennen, stellt einen vollständigen Sieg des Skeptikers, d.h. der von Philo vertretenen Position, dar. Wenn der Theist die Existenz Gottes nicht beweisen und der Atheist nicht leugnen kann, dass die innere Struktur der Welt einige Analogien mit dem Werk des höchsten Weltbaumeisters aufweist, ist der Skeptiker der lachende Dritte. Dass Philo dann am Ende der *Dialoge* seinen epistemologischen Skeptizismus als Sprungbrett zum Fideismus benutzt, ist seine persönliche Entscheidung. Im Gegensatz zu ihm wird der ›vernünftige‹ Skeptiker seine Skepsis als innerweltliche Lebensform kultivieren, ohne ein militanter Religionskritiker zu sein.

Das skeptische System

Der Skeptizismus ist das Resultat der eigentümlichen Stellung des Menschen in der Natur: Als Beobachter seiner selbst und der Welt nimmt er einen Standpunkt innerhalb der Natur ein, um von dort aus die Regeln und Prinzipien seines Denkens und Fühlens zu entdecken, die ihn in den Zusammenhang eben dieser Natur stellen, deren letzte Eigenschaften und Prinzipien er doch nicht zu erkennen vermag. Eingebunden in den Kontext der Natur hat er nur die Wahl, sich an den erfahrungserprobten Regeln zu orientieren oder auf eigene Gefahr hin die Grenze zwischen Fiktion und Wirklichkeit zu überschreiten.

Sicheres Terrain betritt der Skeptiker, wo er als Kritiker unmäßiger philosophischer Ansprüche auftritt. Den Anspruch der traditionellen Metaphysik, ein zweifelsfreies Wissen über die allgemeinen Strukturen des Seins sowie über die Natur und das Wesen Gottes, der Seele und der Welt bereitzustellen, weist er mit Bravour zurück. Doch wie erfolgreich sind die Angriffe des Skeptikers gegen eine Philosophie, die sich der Erforschung der menschlichen Natur mit den (bescheidenen) Mitteln von Beobachtung und Erfahrung widmet? Scheitert der Skeptiker an der Festung des Empirismus? Oder ist der wahre Empirismus ein Skeptizismus?

Nach der Lektüre von Humes Ausführungen zur Differenz von Erkenntnis und Wahrscheinlichkeit scheint der Skeptizismus nur einen Teilerfolg über den Empirismus errungen zu haben: Dass wir uns bestimmter Eindrücke und Ideen bewusst sind, die aus unseren Sinnen und aus unserer Reflexion stammen, dass Ideen Kopien von Eindrücken darstellen, dass die Vernunft ein natürlicher Instinkt ist, der uns nach Prinzipien der Assoziation bei unseren Urteilen über Ursache und Wirkung leitet, an alldem lässt Hume nicht den geringsten Zweifel zu. Doch im vierten Teil von Buch I des *Traktats* (»Von den skeptischen und anderen Systemen der Philosophie«) dringt der Zweifel mit immer größerer Wucht durch die Poren des humeschen Empirismus.

Warum sollen wir den Skeptizismus überhaupt ernst nehmen? Hume setzt im Schlussabschnitt des ersten Buches des *Traktats* mit der Darstellung und Diskussion der skeptischen Angriffe auf die menschliche Vernunft ein. Nichts scheint den totalen Triumph des Skeptikers verhindern zu können. Zwar sind in den demonstrativen Wissenschaften alle Regeln »gewiss und unfehlbar«[123]; wenden wir sie aber an, dann begehen wir aufgrund störender Faktoren oder einer inkonsistenten Gedankenführung oftmals Fehler. Kein Mathematiker ist ein so großer

Experte »in seiner Wissenschaft, als dass er vollstes Vertrauen in irgendeine Wahrheit setzen könnte, unmittelbar nachdem er sie entdeckt hat«[124]. Selbst wenn er seine Überlegungen oder Experimente wiederholt ausgeführt hat und seine Ergebnisse die Zustimmung der gesamten gelehrten Welt erfahren, verbleiben seine Ergebnisse im Bereich der Wahrscheinlichkeitserkenntnis.

Angesichts der Aussagen, die Hume zuvor über die Natur der zwischen unseren Ideen bestehenden Relationen geäußert hat, überrascht diese These. Wie kann mein Urteil, dass zwei und zwei Äpfel vier Äpfel sind, eine bloß wahrscheinliche Geltung beanspruchen? Humes Antwort lautet: Zwischen der Vernunft und der Wahrheit besteht eine Kausalbeziehung, wobei die Vernunft die Ursache und die Wahrheit die Wirkung darstellt. Da alle unsere Kausalurteile von bloß wahrscheinlicher Geltung sind, trifft dies auch für unsere Erkenntnis der Relationen zwischen Ideen zu.

Mit diesem Argument hebt Hume die Klasse demonstrativ und intuitiv gewisser Erkenntnisse faktisch auf. Wenn die Vernunft die Ursache der Wahrheit ist, dann gibt es keinen prinzipiellen Unterschied zwischen Mathematik, Meteorologie und Alltagswissen. So wie ich die starke Erwartung habe, dass sich das Wetter in den nächsten Stunden nicht radikal ändern wird, glaube ich daran, dass ich den Geldbetrag in meiner Börse halbiere, wenn ich von 100 Euro einen Betrag von 50 Euro ausgebe.

Doch Hume spitzt die Herausforderung, die der Skeptizismus für uns bedeutet, noch weiter zu. Ist es wirklich wahrscheinlich, dass sich das Wetter heute nicht ändern wird? Betrachten wir die Schwäche des menschlichen Verstandes, wird die ursprüngliche Wahrscheinlichkeit des Ereignisses noch weiter untergraben. Wie oft haben wir uns nicht in unserem Urteil getäuscht? Wie oft haben sich Dinge ereignet, die wir für völlig ausgeschlossen hielten? Mit einem an Descartes' methodischen Zweifel erinnernden Gestus möchte Hume den radikalen Skeptizismus möglichst stark machen. Er will zeigen, dass die Vernunft selbst die besten Argumente vorbringen kann, ihr nicht zu trauen. Überlassen wir dem Skeptiker das Feld, dann wird er nach Hume in der Tat einen totalen Triumph erringen. Mit den Mitteln der Vernunft können wir gerade nicht beweisen, dass die Vernunft vertrauenswürdig ist.

Obwohl wir den »*totalen* Skeptizismus«[125] nach Hume nicht mit den Mitteln der Vernunft besiegen können, nehmen wir ihn nicht ernst. Warum nicht? Weil er uns überdreht erscheint. Die Natur selbst nimmt uns vor ihm in Schutz. Strapazieren wir unsere Einbildungskraft zu sehr mit skeptischen Gedanken, werden zwar unsere Gefühle und Affekte verwirrt, aber es wird kein Glaube erzeugt. Die Skepsis muss natürlich sein, damit sie uns zu überzeugen vermag. Der Test für ihre Natürlichkeit ist ihre Eignung für das tägliche Leben: »Die Natur hat uns durch eine absolute und unabwendbare Notwendigkeit dazu bestimmt zu urteilen, wie auch dazu, zu atmen und zu fühlen. Ebenso wenig können wir verhindern, gewisse Objekte gemäß ihrer gewohnheitsmäßigen Verbindung mit einem gegenwärtigen Eindruck in einem stärkeren und volleren Licht zu betrachten, als wir verhindern können, zu denken, solange wir wach sind, oder die Körper um uns herum zu sehen, wenn wir bei hellem Sonnenschein unsere Augen auf sie richten.«[126]

Der totale Skeptizismus kann nicht mit den Mitteln der Vernunft widerlegt, sondern nur durch das Machtwort der Natur in seine Schranken verwiesen werden. Die Skepsis muss ein integraler Bestandteil unseres natürlichen Weltverhältnisses werden, um ›vernünftig‹ zu sein. Hume verwandelt den totalen Skeptizismus mit den Mitteln des Naturalismus in einen gemäßigten. Die Natur zwingt uns, selbst dann an die Existenz von Tatsachen zu glauben, wenn die Vernunft ihre eigene Glaubwürdigkeit untergraben hat.

Doch wie steht es mit dem Skeptizismus hinsichtlich unserer Sinne? Modifiziert er unser Bild des Verhältnisses von Natur, Vernunft und Skepsis? Die skeptischen Angriffe gegen die Verlässlichkeit unserer Sinne gelten der Frage, ob diese uns Kenntnis über die Existenz von Gegenständen geben, die eine kontinuierliche Existenz außerhalb unserer Wahrnehmung haben. Existieren die Dinge nur im Modus ihres tatsächlichen oder möglichen Wahrgenommenwerdens nach dem Esse-est-percipi-Prinzip durch ein bewusstes Wesen, wie Anfang des 18. Jahrhunderts (allerdings in anti-skeptischer Absicht) Berkeley in der *Abhandlung über die Prinzipien der menschlichen Erkenntnis* (1710) behauptete? Oder kommt ihnen eine von ihrer Wahrnehmung unabhängige Existenz zu? Für einen Autor wie Hume stellt dies offenbar eine zugleich interessante wie schwierig zu lösende Problematik dar. Wie kann er als ein Philosoph, der dem lockeschen *way of ideas* vorbehaltlos folgt, beweisen, dass die durch unsere äußeren Sinne wahrgenommenen Dinge unabhängig von unserem Geist existieren, wenn wir sie doch immer nur als von uns wahrgenommene Dinge erkennen können? Berkeley meinte, dass es einen derartigen Beweis nicht geben kann: »Daß weder unsere Gedanken noch unsere Gemütsbewegungen noch die Ideen der Einbildungskraft außerhalb des Geistes existieren, wird jeder zugeben. [...] Denn die Rede von der absoluten Existenz nichtdenkender Dinge ohne alle Beziehung auf ihr Wahrgenommenwerden scheint schlechthin unverständlich zu sein. Ihr *esse* ist *percipi*, und es ist nicht möglich, daß ihnen irgendein Dasein außerhalb der Geister oder denkenden Dinge, die sie wahrnehmen, zukäme.«[127]

Gibt es einen Weg aus dem absoluten Idealismus und Solipsismus, in den sich Berkeley nach der Auffassung fast aller Philosophen des 18. Jahrhunderts entgegen seiner Absicht verstrickt hatte? Hume ist davon überzeugt, dass es einen derartigen Weg gibt. Die These von der bloßen Idealität aller Dinge kann zwar nicht durch Vernunftargumente zurückgewiesen werden. Aber sie überzeugt uns nicht, weil selbst der ärgste Skeptiker an die Existenz von geistunabhängigen Körpern glaubt, sobald er seine skeptischen Übungen beendet hat.

Doch aus welchen Gründen genau glauben wir an eine beobachterunabhängige Außenwelt? Prinzipiell kann unser Glaube an die Existenz von Körpern entweder auf den Sinnen selbst, auf der Vernunft oder auf der Einbildungskraft beruhen. Weil uns die Sinne immer nur Eindrücke vermitteln, Eindrücke aber ursprüngliche Entitäten sind, die ihrerseits keine Bilder von Dingen darstellen, die von ihnen verschieden sind, sind unsere Sinne ganz ungeeignet, uns die Existenz von Dingen vorzustellen, die von uns verschieden sind. Auch das Kriterium der Kontinuität können sie nicht erfüllen. Ich brauche nur meine Augen zu schließen oder meinen Kopf in eine andere Richtung zu wenden, schon sind einige meiner bisherigen Eindrücke verschwunden. Auch die Vernunft liefert uns keine Gründe für die Existenz einer geistunabhängigen Wirklichkeit. Ganz im Gegenteil. Sie setzt uns darüber in Kenntnis, »dass jedes Ding, das dem Geist erscheint«, nichts »als eine Wahrnehmung«[128] ist. Der von dieser Philosophie unberührte gewöhnliche Mensch (the vulgar) glaubt dagegen unerschütterlich an die kontinuierliche Existenz aller Dinge, die er sieht oder fühlt. Weil dieses (wie wir es nennen können) Existenzgefühl ganz und gar unvernünftig ist, muss es einen anderen Ursprung haben. Sein Ursprung muss in der Einbildungskraft liegen. Doch wie überzeugt uns die Einbildungskraft von der Existenz äußerer Dinge? Betrachten wir den Strom unserer Wahrnehmungen, stellen wir eine bestimmte Konstanz und Kohärenz darin fest. Das Buch, das ich vor Tagen auf meinen Schreibtisch gelegt habe, finde ich heute an derselben Stelle wieder; das Feuer, das mich gestern wärmte, wärmt mich auch heute; der Mond, der sich vor einer Stunde zeigte, ist noch immer zu sehen. Der Philosoph gibt daher dem gewöhnlichen Menschen recht.[129] Hume beruft sich auf ein Experiment: Wer den Ursprung der gewöhnlichen Ansicht der Menschen über die Existenz einer beobachterunabhängigen Welt erklären will, muss den menschlichen Geist in seiner gewöhnlichen Situation untersuchen. Obwohl seine Ansicht über die geistunabhängige Außenwelt aus der Perspektive der Vernunft als falsch beurteilt werden muss, ist diese Ansicht natürlich, weil sie auf einer entsprechenden natürlichen Neigung unserer Einbildungskraft beruht.[130] Sobald wir uns von unseren philosophischen Spekulationen erholen, gewinnt die Natur Herrschaft über uns und rettet uns vor einem extravaganten Skeptizismus. Unsere Einbildungskraft versucht den Widerspruch zwischen ihr und der Vernunft in einer neuen Fiktion aufzuheben: Sie nimmt an, dass die Dinge eine fortdauernde Existenz haben, obwohl ihre Wahrnehmung unterbrochen ist.[131] Die damit geschaffene Fiktion einer »doppelten Existenz«[132] der Objekte innerhalb und außerhalb meiner Wahrnehmung hebt den Widerspruch zwischen Vernunft und Einbildungskraft zwar nicht auf. Aber aus der Sicht der wahren Philosophie gibt es keine bessere Theorie.

Die wahre Philosophie steht mit ihrem »moderaten Skeptizismus«[133] den Gefühlen des gemeinen Menschen näher als die falsche Philosophie. Sie ist eine Philosophie des recht verstandenen Common Sense. Doch selbst die falsche Philosophie lässt sich durch natürliche Prinzipien der menschlichen Natur erklären. Und die wahre Philosophie vermag die Widersprüche nicht aufzuheben, die sich bei unserem Versuch ergeben, die Natur von Körper und Materie zu erklären. Für die falsche Philosophie steht die alte Theorie der Substanzen, der substantiellen Formen, der Akzidenzien und der okkulten Qualitäten. Ihnen gilt Humes ganzer Hohn und Spott, stellen sie doch reine Fiktionen dar, die sich durch die gleichen Prinzipien der menschlichen Natur erklären, aufgrund deren beispielsweise Kinder und Dichter geneigt sind, äußere Objekte mit Gefühlen zu belegen, die sie aus der Selbsterfahrung kennen.[134]

Die moderne Philosophie beansprucht nach Hume mit ihrem Bezug auf »feste, beständige und konsistente Prinzipien der Einbildungskraft«[135], der antiken Philosophie überlegen zu sein, verwickelt sich aber dennoch in unhaltbare Behauptungen. Ihr fundamentales Prinzip besagt, dass einige Wahrnehmungen (Farbe, Geschmack etc.) auf Eindrücken beruhen, die durch Eigenschaften von äußeren Objekten hervorgerufen werden, die ihnen nicht gleichen, während andere Eindrücke dies sehr wohl tun. Im Unterschied zu den sekundären Qualitäten sind die primären Qualitäten der Ausdehnung und der Undurchdringlichkeit (sowie die aus ihrer Zusammensetzung folgenden Qualitäten der Figur, der Bewegung, der Anziehungskraft und der Kohäsion) wirkliche Eigenschaften der Dinge. Diese beispielsweise von Locke vertretene Auffassung über die Natur unserer Wahrnehmungen führt direkt zur Leugnung einer beobachterunabhängigen Außenwelt und damit in den totalen Skeptizismus. Würden wir nämlich nach Hume von allen sekundären Qualitäten abstrahieren, die wir an den Dingen wahrnehmen, dann würden wir überhaupt nichts mehr wahrnehmen. Betrachten wir ein Buch und abstrahieren von allen seinen Farben, dann nehmen wir auch kein Buch mehr wahr.[136] Warum urteilen wir aber, dass es ein Buch gibt? Weil wir uns einbilden, die Festigkeit des Buches mit dem Tastsinn wahrzunehmen bzw. wahrnehmen zu können, wenn wir es denn berühren. Doch dies ist offenbar eine Illusion. Die Tastempfindung ist nicht dasselbe wie die Festigkeit des Buches. Nur weil ich einen Gegenstand mit meinen Händen fühle, bedeutet dies nicht, dass diesem Gefühl eine Festigkeit entspricht. Letztlich nehme ich immer nur Eindrücke wahr, nicht aber etwas Reales, das von diesen Eindrücken verschieden ist. Demnach lehrt uns die Vernunft, dass es keine Eindrücke gibt, die von uns verschieden sind, während uns die Einbildungskraft geneigt macht zu glauben, dass wir Dinge wahrnehmen, die eine von uns unabhängige Existenz haben.

In der ersten *Untersuchung* versucht Hume, die methodische Pointe ›seines‹ Skeptizismus durch die Unterscheidung zwischen einem Skeptizismus, der allem Studium und aller Philosophie vorhergeht, und einem Skeptizismus, der eine Folge von Wissenschaft und Philosophie ist, zu erläutern.[137]

Die erste Form des Skeptizismus nimmt unterschiedliche Ausprägungen an. Sie kann zum einen zu einem universellen Zweifel führen. Weil es für uns Menschen aber nicht möglich ist, an allem und jedem zu zweifeln, ist diese extreme Form der Skepsis, die nach dem griechischen Philosophen Pyrrhon von Elis (ca. 360-270 v. Chr.) auch Pyrrhonismus genannt wird, nicht überzeugend. Der Skeptizismus kann zum anderen eine selbstkritische und unparteiische Methode unseres Denkens bezeichnen und ist in dieser Form nach Hume äußerst begrüßenswert. Sodann können die skeptischen Paradoxa unsere intellektuelle Neugier auf sich ziehen, obwohl wir wissen, dass wir sie niemals lösen werden. Hume ist davon überzeugt, dass die Metaphysik und die Theologie entgegen anders lautenden Beteuerungen ihrer Anhänger voll von derartigen Widersprüchen sind. Weil wir dies wissen, sollten wir auch nicht hoffen, sie dereinst in den Rang einer Wissenschaft erheben zu können. In den berühmt-berüchtigten letzten Sätzen seiner ersten *Untersuchung* drückt Hume den Nutzen dieser Art von Skeptizismus wie folgt aus: »Wenn wir, von diesen Prinzipien überzeugt, unsere Bibliotheken durchgehen, welche Verwüstung müßten wir dann anrichten! Nehmen wir irgendein Buch zur Hand, z.B. über Theologie oder Schulmetaphysik, so laßt uns fragen: *Enthält es eine abstrakte*

Erörterung über Größe und Zahl? Nein. *Enthält es eine auf Erfahrung beruhende Erörterung über Tatsachen und Existenz?* Nein. So übergebe man es den Flammen, denn es kann nichts als Sophisterei und Blendwerk enthalten.«[138]

Humes Schriften enthalten Erörterungen über Größe und Zahl sowie über Tatsachen und Existenz und werden folglich von dem Autodafé verschont. Doch wie steht es mit dem Skeptizismus, der eine Folge von Vernunft und Philosophie ist? 1748 ergreift Hume für eine gegenüber dem Pyrrhonismus gemäßigte Form des Skeptizismus Partei, die, weil sie erstmals von späteren Mitgliedern der von Platon gegründeten Akademie wie Arkesilaos (ca. 315-240 v. Chr.) oder Karneades von Kyrene (214-129 v. Chr.) vertreten wurde, akademische Skepsis genannt wird. Auch der für Humes Schaffen bedeutsame Cicero (106-43 v. Chr.) stand dieser philosophischen Schule nahe. Hume stellt die akademische Skepsis, die er im *Traktat* bereits als »moderaten Skeptizismus« bezeichnet hatte, als Reaktion auf den Pyrrhonismus dar: »Der große Überwinder des Pyrrhonismus oder der übertriebenen Prinzipien des Skeptizismus sind Handlung, Beschäftigung und die Verrichtungen des täglichen Lebens.«[139] Weil der Pyrrhonismus zwar nicht in der Theorie, wohl aber in der Praxis scheitert, müssen wir zu einer gemäßigten Form der skeptischen Philosophie Zuflucht nehmen, die auf die Bedürfnisse und Interessen unserer menschlichen Natur Rücksicht nimmt. Reflexion und gemeiner Menschenverstand korrigieren den totalen Skeptizismus, indem sie ihm Bodenhaftung geben. So wie der humesche Empirismus aufgrund der Angriffe durch den totalen Skeptizismus zum Naturalismus wird, wandelt sich der totale zum gemäßigten Skeptizismus. Vielleicht betreten wir den Herrschaftsbereich der Philosophie nicht durch das Tor der Akademie, aber wir sollten ihn durch dieses Tor verlassen, wenn wir uns den Angelegenheiten unseres Alltags zuwenden. Denn die akademische

Skepsis bezeichnet eine Philosophie, die die praxistaugliche Mitte zwischen Zweifel und Gewissheit, Vernunft und Natur gefunden hat.

Die Immaterialität und Unsterblichkeit der Seele

In seinen *Meditationen* gibt Descartes der neuzeitlichen und modernen Philosophie mit der Behauptung, dass die Existenz des eigenen Selbst zweifelsfrei gewiss sei, den bewusstseinsphilosophischen Takt vor. Selbst der größte Skeptiker muss in seinem Zweifel die eigene Existenz anerkennen. Zwar weist Hume Descartes' Anspruch zurück, das *cogito* zum konstruktiven Ausgangspunkt der Philosophie machen zu können. Aber im *Traktat* hegt er doch zumindest die Hoffnung, bei seiner Erörterung der Selbstwahrnehmung und der Natur unseres Geistes jene Widersprüche zu vermeiden, die ihn im Bereich der Philosophie der äußeren Erfahrung zunächst in das Reich des grenzenlosen Skeptizismus geführt haben. Wenn wir nur die Grenzen unserer Erkenntnis beachten, sollten wir die absurden Ansichten anderer Philosophen vermeiden können.

Wie also ist die Natur unseres Geistes (mind) bzw. unserer Seele (soul) beschaffen? Humes Interesse gilt einem einzigen Vorschlag zur Beantwortung dieser Frage, nämlich der These, dass die menschliche Seele eine immaterielle Substanz ist. In der Neuzeit hatte unter anderem Descartes Partei für sie ergriffen: Die denkende Natur (res cogitans) unterscheidet sich der Art nach von der ausgedehnten, teilbaren und im Raum existierenden Substanz (res extensa), gerade weil wir als denkende, unteilbare und einfache Wesen nicht mit den Prädikaten beschrieben werden können, mit denen wir materielle Substanzen charakterisieren. Die Seelensubstanz ist nicht ausgedehnt und auch nicht teilbar.

Aus diesem Grunde bin ich, als denkendes Subjekt, immateriell und als immaterielles Wesen zugleich unsterblich. Gegen diese Ansicht führt Hume ein uns bereits vertrautes Argument an: »Wir haben keine vollkommene Idee von irgendeinem Ding als von einer Wahrnehmung. Eine Substanz ist völlig verschieden von einer Wahrnehmung. Wir haben also keine Idee von einer Substanz.«[140] Haben wir keine Idee von einer Substanz, d.h. von einem Etwas, das Träger aller unserer Vorstellungen und Wahrnehmungen ist, dann erübrigt sich selbstverständlich auch die Frage, ob wir immaterielle Substanzen sind.

In einem weiteren Argument macht Hume von dem seiner Einschätzung nach selbstevidenten Prinzip Gebrauch, wonach alles, was wir uns widerspruchsfrei vorstellen können, auch möglich ist. Weil wir uns vorstellen können, dass jedes Objekt, sei dieses nun ein äußerer Körper oder unser Geist, völlig inaktiv ist und in jedem Augenblick vernichtet werden kann, muss dies auch möglich sein. Ob es wirklich ist, steht dabei nicht zur Debatte. Es genügt die Annahme, dass die Anhänger der Immaterialität der Seele über kein Argument a priori verfügen, das dies ausschließen würde. Darüber hinaus verwickeln sie sich in derartige Widersprüche, dass die Frage nach der Substantialität der Seele in letzter Konsequenz »absolut unverständlich«[141] ist.

Auch die Frage nach der Unsterblichkeit der Seele beantwortet ein vernünftiger Mensch nach Hume negativ. Im Juli 1776 besuchte der berühmte Biograph und Autor James Boswell den im Sterben liegenden Hume in Edinburgh und fragte ihn, ob es nicht möglich sei, dass dieser nach seinem Tod in einer anderen Welt weiter lebe. »Er antwortete, es sei möglich, dass ein Stück Kohle auf ein Feuer gelegt wird und nicht brennt, und er fügte hinzu, dass es eine äußerst unvernünftige Phantasie sei, dass wir für immer existieren sollten.« Daraufhin antwortete Boswell: »›Herr Hume, ich hoffe über Sie zu triumphieren, wenn ich Sie in einem zukünftigen Zustand treffen werde; und erinnern Sie sich daran, nicht vorzugeben, dass Sie mit dieser Untreue gescherzt haben.‹ ›Nein, nein‹, sagte er, ›aber ich werde schon so lange vor Ihnen dort sein, dass es nichts Neues sein wird.‹«[142]

Hume macht in seinem Versuch »Über die Unsterblichkeit der Seele« keinen Hehl daraus, dass seiner Ansicht nach allein das Evangelium »das [ewige] Leben und die Unsterblichkeit ans Licht gebracht hat«[143]. Wer die Autorität des Evangeliums jedoch nicht akzeptiert, für den stellt sich der Glaube an ein Leben nach dem Tod als unbegründet heraus. Zwar könnten sich die Anhänger der Unsterblichkeitsthese nun ihrerseits auf das Prinzip berufen, wonach alles, was wir uns vorstellen können, auch möglich ist. Aber diese bloß logische Möglichkeit überzeugt einen vernünftigen Menschen nicht.

Hume unterscheidet zwischen metaphysischen, moralischen und physischen Beweisen der Unsterblichkeit der Seele. Seiner Ansicht nach scheitern sie alle. Warum sollten wir auch »soviel Vertrauen in irgendeine vorgebliche Philosophie setzen, um auf ihr Zeugnis hin die Wirklichkeit einer so wunderbaren Szenerie anzuerkennen? Eine neue Art von Logik ist zu diesem Zweck erforderlich und einige neue Verstandesvermögen, die uns befähigen, diese Logik zu verstehen«[144].

Wir können nur begreifen, was in einer gewissen Analogie zu unseren bisherigen Erfahrungen steht. Wie die Wunderproblematik und die Gottesbeweise zählt auch die Unsterblichkeit der Seele zu den Lehrstücken, die unseren Verstand übersteigen und unser Herz nicht erreichen – wenn wir denn nur vernünftig sind. Aberglaube und schlechte Metaphysik sind wie Krankheiten, Armut und Erdbeben Tatsachen unserer Erfahrungswelt. Weil sie in jedem Falle verderblich und gelegentlich sogar gefährlich sind, sollten wir sie durch ein wenig Nachdenken und Philosophie zu überwinden versuchen, wo immer dies möglich erscheint.

Personale Identität

Humes Kritik an der Substanztheorie der menschlichen Seele leitet direkt zu einer neuen Problematik über: Wenn die Seele keine Substanz ist, die im Wechsel aller ihrer Vorstellungen numerisch identisch bleibt, wie erklärt sich dann unsere personale Identität? Sind wir als Personen identisch mit unserem Körper? Oder gibt es etwa überhaupt keine personale Identität, weil ich nichts anderes bin als die Summe meiner einem ständigen Wechsel unterworfenen Perzeptionen? Die Brisanz dieser Fragen hat als Erster Locke erkannt, der zwischen der Identität des Menschen und der Identität der Person unterscheidet.[145] Während ich als Mensch einem beständigen Wandel unterworfen bin und aufgrund biologischer Veränderungen, die sich an meinem Körper vollziehen, schon morgen nicht mehr mit dem Menschen identisch sein werde, der ich heute bin, gibt es ein die Identität meiner Person konstituierendes Prinzip: mein Selbstbewusstsein. Ich bin die Person, die ich mir zu sein bewusst bin. Erinnere ich mich an vergangene Ereignisse, dann bin ich mit der Person identisch, die diese Ereignisse erlebt hat. Alles, was ich auf mich selbst beziehe, ist ein identischer Teil von mir.

Dieses Ich-Bewusstsein ist natürlich irrtumsanfällig; ich betrachte ein Bild und meine fälschlich, mich auf ihm zu erkennen; ich rechne mir eine Handlung zu, die ich nicht ausgeführt habe. Aber meine Irrtümer sind für meine Ich-Identität insofern irrelevant, als ich faktisch die Person bin, mit der ich mich identifiziere. Locke geht so weit zu behaupten, dass ein Schauspieler, der sich mit seiner dargestellten Figur identifiziert, zu dieser anderen Person wird. Diese in die Konstitution des eigenen Selbst mündende Identifikationsleistung versucht Locke durch den Begriff der Sorge (concernment) um unser eigenes zukünftiges Glück und Elend verständlich zu machen.[146] Dabei besteht seine große

Leistung darin, den Begriff der Person von einem metaphysischen zu einem juridischen Begriff gemacht zu haben: Person ist »ein forensischer Terminus, der für die Zueignung von Handlungen und ihr Verdienst verwendet wird und daher nur auf intelligente Handelnde zutrifft, die des Gesetzes, des Glücks und des Elends fähig sind«[147]. Angesichts der lockeschen Position darf der Leser gespannt sein, wie Hume das Problem der personalen Identität zu lösen gedenkt.

Humes berühmte Ausführungen über personale Identität im ersten Buch des *Traktats* (und ihre erneute Thematisierung im Anhang zum dritten Buch) bewegen sich im Rahmen unseres Denkens bzw. unserer Einbildungskraft und abstrahieren insofern von der praktischen Seite dieser Thematik, die für Locke so wichtig war. Die personale Identität »im Hinblick auf unsere Leidenschaften oder die Sorge um uns selbst«[148] ist für Hume philosophisch betrachtet unproblematisch: Natürlich identifizieren wir uns mit allen unseren Leidenschaften, weil diese Leidenschaften ihrerseits unser Selbst zum Objekt haben und es insofern allererst hervorbringen. Ich bin das Objekt meines Stolzes und meiner Demut. Die Sorge um mich selbst, d.h. um meine vergangenen wie zukünftigen Empfindungen der Freude und des Leids, stellt wie bei Locke das Gravitationszentrum meiner praktischen Identität dar. Unsere Affekte und Leidenschaften geben uns Ziele vor, auf die unsere Einbildungskraft alle unsere Bemühungen als einen einheitlichen und identischen Bezugspunkt richtet.[149] Betrachten wir das Problem der personalen Identität jedoch aus der Perspektive des Denkens allein, d.h. aus der Art und Weise, wie uns Vorstellungsinhalte gegeben und wie sie durch die Prinzipien der Assoziation durch die Einbildungskraft miteinander verknüpft werden, ergibt sich ein anderes Bild.

Wenn die Philosophen, die behaupten, dass wir uns ständig unseres Selbst bewusst sind, recht haben sollten, dann müssten wir auch eine Idee dieses Selbst haben. Weil alle Ideen Kopien von Eindrücken darstellen, müsste es demnach einen Eindruck geben, der uns unser gesamtes Leben lang begleitet. Es genügt nicht, dass dieser Eindruck einmal eine Idee bewirkt hat, die sein Bild darstellt, weil dies bedeutete, dass wir nur noch eine ideelle Existenz hätten. Doch einen derartigen konstanten und unveränderlichen Eindruck, auf den sich alle unsere anderen Ideen und Eindrücke beziehen, gibt es nach Hume nicht. »Schmerz und Vergnügen, Trauer und Freude, Leidenschaften und Empfinden folgen aufeinander und existieren niemals zu derselben Zeit. Die Idee des Selbst kann also von keinen dieser Eindrücke oder von anderen abgeleitet sein. Folglich gibt es eine derartige Idee nicht.«[150] Freimütig und nicht ohne Ironie bekennt Hume, sich seiner selbst nur dann bewusst zu sein, wenn er irgendwelche Vorstellungen hat. Hat er keine Vorstellungen, dann ist er sich seiner selbst auch nicht bewusst. Aber in seinem Bewusstsein findet sich keine Idee dieses Selbst. Für Hume ist das Selbst daher »nichts als ein Bündel oder eine Ansammlung von verschiedenen Wahrnehmungen, die einander mit einer unvorstellbaren Schnelligkeit nachfolgen und permanent in Fluss und in Bewegung sind«[151] .

Offenbar hat sich Hume nicht nur sehr eingehend, sondern auch mit besonderem Engagement mit der Problematik der personalen Identität auseinandergesetzt, benutzt er doch zahlreiche Metaphern, um seinen Lesern seine Position zu verdeutlichen. Zugleich lässt ihre extensive Verwendung Schwierigkeiten erahnen, die Hume bei der präzisen Darstellung seiner Position gehabt haben mag. Metaphern veranschaulichen Argumente, ersetzen sie aber nicht. Wenige Zeilen nachdem er seine so genannte »Bündel-Theorie« des Selbst beschreibt, greift er jedenfalls auf die Theater-Metapher zurück, die ebenfalls Berühmtheit erlangt hat. »Der Geist ist eine Art von Theater, in dem verschiedene

Wahrnehmungen nacheinander auftreten, vorbeigehen, zurückkommen, fortgehen und sich in eine unendliche Vielfalt von Stellungen und Situationen vermengen. Es gibt hier im eigentlichen Sinne des Wortes keine *Einfachheit* in einer oder *Identität* in verschiedenen Zeiten, so sehr wir auch die natürliche Neigung haben mögen, uns diese Einfachheit und Identität einzubilden. Der Vergleich mit einem Theater darf uns nicht in die Irre führen. Die aufeinander folgenden Wahrnehmungen allein konstituieren den Geist, während wir nicht den entferntesten Begriff von dem Ort haben, wo sich diese Szenen abspielen, noch von dem Material, aus dem er beschaffen ist.«[152]

Die Theater-Metapher lässt keinen Zweifel daran aufkommen, dass der konsequent durchdachte *way of ideas* das Problem der personalen Identität eigentlich nur negativ zu lösen vermag: Weil wir uns ausschließlich sich permanent ändernder Ideen und Eindrücke bewusst sind, haben wir eigentlich keine personale Identität. Oder vielleicht treffender ausgedrückt: Das Problem der personalen Identität verschwindet, sobald wir erkennen, dass es gar kein Selbst gibt, das diese Eigenschaft möglicherweise haben könnte. In der Sprache der Logischen Positivisten des 20. Jahrhunderts ausgedrückt: Es handelt sich um ein Scheinproblem, das zum Verschwinden gebracht wird, sobald wir es präzise beschreiben.

Erinnern wir uns an Humes Kritik der Unterscheidung zwischen primären und sekundären Qualitäten: So wie von dem Buch in meiner Hand nichts übrig bleibt, wenn ich von allen Sinneseindrücken, die es in mir hervorruft, abstrahiere, bleibt von meinem Selbst nichts übrig, wenn ich von allen meinen Vorstellungsinhalten abstrahiere. Mein Selbst kann also nur in den sich ändernden Vorstellungen ›enthalten‹ sein. Ich bin gewissermaßen meine Vorstellungen. »Die Vernichtung, die nach Ansicht mancher Leute auf den Tod folgt und die das Selbst völlig zerstört, ist nichts anderes als eine Auslöschung partikularer Wahrnehmungen: Liebe und Hass, Lust und Freude, Denken und Empfindung. Diese müssen daher dasselbe wie das Selbst sein [must be the same with self], weil das eine nicht das andere überleben kann.«[153] An einer anderen Stelle schreibt Hume, dass unser Selbst, »unabhängig von der Perzeption jedes anderen Objekts, in Wirklichkeit nichts«[154] ist.

Warum aber haben wir die starke Neigung (propensity), uns fälschlich personale Identität zuzuschreiben? Unsere personale Identität ist eine auf unserer Einbildungskraft beruhende Fiktion.[155] Aber wie entsteht sie? Da die Einbildungskraft keine einfachen Ideen und Eindrücke hervorbringen kann, muss diese Fiktion auf den Relationen beruhen, die zwischen unseren Perzeptionen bestehen. Aufgrund eines bestimmten natürlichen Mechanismus erzeugt die Einbildungskraft Identitäten von Pflanzen, Tieren und Personen. So verwechseln wir nicht nur die zwischen unseren Perzeptionen bestehenden Relationen mit Identität; nach den Prinzipien der Assoziation unterstellen wir auch, dass ein Objekt fortdauert, obwohl wir es gerade nicht wahrnehmen.[156]

Betrachten wir die drei Relationen der Ähnlichkeit, der Nähe und der Kausalität, scheint wiederum der Kausalität ein herausragender Stellenwert zuzukommen. Erneut bemüht Hume ein Bild: Die Seele kann mit einer »Republik oder einem Gemeinwesen« verglichen werden, »in dem die verschiedenen Mitglieder durch das wechselseitige Band der Regierung und der Unterordnung vereint sind und andere Personen entstehen lassen, die dieselbe Republik im unablässigen Wandel aller ihrer Teile erhalten. Und auf die gleiche Weise, wie dieselbe individuelle Republik nicht nur ihre Mitglieder, sondern auch ihre Gesetze und ihre Verfassungen wechseln kann, vermag dieselbe Person ihren Charakter und ihre Disposition sowie ihre Eindrücke und Ideen zu wechseln, ohne ihre Identität zu verlieren.«[157] Wenn die Eindrücke und Ideen die Bürger eines Gemeinwesens sind, dann ist die Einbildungskraft ihr Souverän. Sie entscheidet darüber, nach welchen Prinzipien ihre Untertanen verbunden sein sollen; und wenn sie den Untergang ihres Gemeinwesens verhindern will, dann gestaltet sie ihre Prinzipien nach den Regelmäßigkeiten, die sie im Verhalten ihrer Untertanen beobachten kann.

Das Gedächtnis, das uns über den bisherigen Verlauf unserer Wahrnehmungen informiert, erweist sich neben der Einbildungskraft als zentrale Voraussetzung für das Verständnis der personalen Identität. Ohne Gedächtnis hätten wir keinen Begriff von Kausalität und damit auch keine personale Identität. Haben wir jedoch einmal diesen Begriff der Kausalität erworben, hindert uns nichts, unsere Identität über das Zeugnis unseres Gedächtnisses hinaus zu erweitern oder zu verändern. Dies gilt selbstverständlich auch für ein täuschendes Gedächtnis. Wir identifizieren uns mit Ereignissen, an die wir uns zu erinnern glauben, obwohl wir sie nicht oder jedenfalls nicht in der erinnerten Weise erlebt haben. Ähnlich wie bei Locke konstituiert sich meine personale Identität durch die Vorstellungen, die ich mir aufgrund der Assoziationsprinzipien zuschreibe.

So wichtig das Problem der personalen Identität auch sein mag, nach Hume werden wir niemals in der Lage ein, einen genauen Maßstab dafür festzulegen. Wie sollten wir auch, wenn es eine Frage der graduellen Intensität ist, mit der wir uns an ein Ereignis erinnern können? Praktische Fragen personaler Identität sind daher nicht philosophischer, sondern grammatikalischer Natur.[158]

Hume hatte angekündigt, dass seine Untersuchung der intellektuellen Welt frei von den Widersprüchen und Absurditäten sei, die wir bei unserer Erforschung der körperlichen Welt entdeckt haben. Nach der Niederschrift von Buch I des *Traktats* müssen ihm jedoch schon sehr bald Zweifel an dieser These gekommen sein. Denn im Anhang zum dritten Buch seines Hauptwerkes bekennt er, sich nach einem erneuten Blick auf seine Ausführungen zum Problem der personalen Identität in einem »Labyrinth« des Denkens wiederzufinden. Er weiß nicht, wie er seine früheren Meinungen korrigieren und konsistent machen kann.[159] Diese Auskunft überrascht. Was ist inkonsistent an der These, dass die personale Identität auf einer Fiktion unserer Einbildungskraft beruht und dass das Selbst, an und für sich betrachtet, mit seinen wechselnden Wahrnehmungen zusammenfällt? Hume wiederholt pointiert zentrale Argumente, die gegen die philosophische Theorie der personalen Identität sprechen und erklärt sich von diesen Argumenten überzeugt. Zum Problem wird allerdings der positive Teil, in dem er zu erklären beabsichtigt, wie die Verknüpfung unserer Vorstellungen zur Fiktion der personalen Identität führt. Zwar ist er weiterhin davon überzeugt, dass personale Identität nicht durch unser Bewusstsein gedacht, sondern vielmehr gefühlt wird. Doch bekennt er nun, über keine hinreichend gute Theorie darüber zu verfügen, warum wir diese Identität fühlen.

Als Erklärung für sein Unvermögen verweist er auf zwei gleich gut begründete Prinzipien, die miteinander vereint werden müssen, es seinem Verständnis nach aber nicht können. Das erste Prinzip lautet, dass alle einzelnen Wahrnehmungen einzelne Existenzen sind, und das zweite Prinzip besagt, dass der Geist keine realen Verbindungen zwischen einzelnen Existenzen wahrnimmt.[160] Warum müssen diese beiden Prinzipien miteinander vereint werden können? Im ersten Buch des *Traktats* argumentierte Hume, dass wir die Verbindung zwischen unseren Perzeptionen »fühlen«, gerade weil wir kein »wirkliches Band« (real bond)[161] zwischen ihnen entdecken können. Und weil wir diese Verbindung bloß fühlen, ist die personale Identität eine Fiktion. Im »Anhang« scheint ihn diese Antwort nicht mehr zu befriedigen: Wenn es eine personale Identität gibt, dann muss sie auf einem »wirklichen Band« zwischen unseren Perzeptionen beruhen. Das ist jedoch ausgeschlossen. Aber warum ist es für den Begriff der personalen Identität so wichtig, auf einer Realbeziehung zwischen unseren Wahrnehmungen zu beruhen? Auf diese Frage gibt Hume keine explizite Antwort.

Vielleicht kann eine solche aber einer Passage des »Anhangs« entnommen werden, in der Hume die Funktionen des menschlichen Verstandes und des Fühlens thematisiert und voneinander abgrenzt. Er weist darauf hin, dass der menschliche Verstand keine Verbindung zwischen einzelnen Existenzen entdecken kann.[162] Gäbe es aber eine Realbeziehung zwischen diesen Existenzen, dann könnte er die zwischen den Existenzen bestehenden Relationen natürlich auch erkennen. Weil der Verstand die gesuchte Funktion nicht erfüllen kann, springt das Gefühl ein. Mit der Gegenüberstellung von Verstand und Gefühl ist der Gesichtspunkt genannt, der den Abschnitt »Über personale Identität« vom »Anhang« unterscheidet: Ausschließlich im »Anhang« sucht Hume einen Ort für unsere personale Identität speziell im Verstand und wird dabei auf zwei Prinzipien geführt, die er nicht miteinander vereinigen kann, obwohl sie miteinander vereinigt werden müssten, um einen strikten Sinn der personalen Identität zu erklären.

Mit der Unvereinbarkeit dieser beiden Prinzipien ist die Autorität des Verstandes untergraben: Wie im Bereich unserer Erkenntnis körperlicher Gegenstände endet auch unsere Untersuchung des menschlichen Verstandes im Skeptizismus. »Ich für meinen Teil muss mich auf das Vorrecht des Skeptikers berufen und bekennen, dass diese Schwierigkeit zu groß für meinen Verstand ist. Ich gebe allerdings nicht vor, sie für absolut unüberwindlich zu erklären. Vielleicht können andere, oder ich selbst, nach reiflicherer Überlegung irgendeine Hypothese entdecken, die diese Widersprüche versöhnt.«[163] Wir dürfen vermuten, dass Hume dies nicht gelungen ist: In der *Untersuchung* von 1748 erwähnt er die Problematik der personalen Identität mit keinem Wort.

Zwei Jahre vor der Publikation der ersten *Untersuchung* hatte Hume allerdings Henry Home einen Brief geschrieben, in dem er dessen »Methode«[164], die personale Identität zu erklären, als die beste bezeichnet, die ihm bisher begegnet sei. Home äußert sich zu dieser »Methode« in seinen *Versuchen über die Prinzipien der Moral und der natürlichen Religion* (1751) mit folgenden Worten: »Es ist eine unbestrittene Wahrheit, dass [ein Mensch] ein ursprüngliches Gefühl oder Bewusstsein seiner selbst und seiner Existenz hat, das den größten Teil seiner einzelnen Eindrücke und Ideen und jede Handlung seines Geistes und Körpers begleitet [...]. Es ist diese Wahrnehmung oder dieses Selbstbewusstsein, die oder das sich durch alle verschiedenen Lebensphasen und durch die ganze Verschiedenheit der Handlungen durchhält, die oder das die Grundlage der *personalen Identität* ist.«[165] Warum erwähnt Hume diese Position nicht in seinen Schriften? Vielleicht weil sie zwar plausibel erscheint, aber philosophisch letztlich doch unbefriedigend ist. Wenn es das von Home zitierte »ursprüngliche Gefühl« gäbe, dann müssten wir auch in der Lage sein, es in unserem Erfahrungsstrom zu jedem Zeitpunkt zu identifizieren. Doch genau das will uns nicht gelingen.

Einen völlig anderen Zugang zum Problem der numerischen Identität und Einheit des Selbstbewusstseins wird Jahre später Kant in der *Kritik der reinen Vernunft* vorschlagen. Die Identität unseres Selbstbewusstseins erklärt sich für Kant weder durch die Existenz einer (cartesischen) Seelensubstanz noch durch ein (homesches) Existenzgefühl, dass unsere Wahrnehmungen begleitet. Vielmehr haben alle Vorstellungen, deren wir uns bewusst werden können, einen notwendigen Bezug auf ein logisches Selbstbewusstsein. »Das *Ich denke*, muß alle meine Vorstellungen begleiten *können*; denn sonst würde etwas in mir vorgestellt werden, was gar nicht gedacht werden könnte, welches ebensoviel heißt, als die Vorstellung würde entweder unmöglich, oder wenigstens für mich nichts sein.«[166] Nach Kant bin ich gerade nicht, wie Hume meint, *meine* Vorstellungen. Vielmehr kann ich mir nur dann Vorstellungen zurechnen, wenn sie unter die Einheit der (wie Kant dieses Selbstbewusstsein nennt) transzendentalen Apperzeption fallen. Ansonsten »würde ich ein so vielfarbiges verschiedenes Selbst haben, als ich Vorstellungen habe, deren ich mir bewußt bin«[167]. Mein Selbstbewusstsein beweist nach Kant, dass Hume nicht recht haben kann. Als transzendental-logisches Subjekt bin ich mehr als meine Wahrnehmungen.

Philosophische Melancholie

Mit seinen Überlegungen zum Begriff der personalen Identität könnte Hume eigentlich das erste Buch seines *Traktats* abschließen und zum zweiten großen Thema seines Werkes, den Affekten, übergehen. Doch bevor er seine Studien über die Prinzipien der menschlichen Natur fortsetzt, hält er für einen Moment inne und reflektiert über die Ergebnisse seiner bisherigen Nachforschungen. Ist es ihm gelungen, das Wissen über unsere eigene Natur auf ein sicheres Fundament zu stellen? Hat sich die Beschäftigung mit diesem Thema gelohnt? Diese und ähnliche Fragen stürzen Hume in eine tiefe Melancholie. Trübsinn und Traurigkeit, Schwermut und Enttäuschung überkommen ihn bei der Erkenntnis, dass das »ursprüngliche und letzte Prinzip«[168] der Kausalität nichts anderes als eine Bestimmung unseres Geistes ist.

Alle Perzeptionen und Erkenntnisse unseres Gedächtnisses, der Sinne und des Verstandes gründen sich »auf der Einbildungskraft oder der Lebhaftigkeit der Ideen«[169]. Diese Einbildungskraft überzeugt uns aber nicht nur davon, dass die Kausalität keine natürliche Eigenschaft von Dingen und Objekten ist, sie lässt uns auch an die fortdauernde Existenz von materiellen Objekten glauben, die wir aktuell nicht wahrnehmen. Wir finden in unseren Meinungen also einen Widerspruch, der nicht aufzuheben ist. Die Philosophie der menschlichen Natur führt in den totalen Skeptizismus. Es gibt keine vernünftigen Gewissheiten.

Dieselbe Einbildungskraft, mit der Hume sich das ganze Elend seiner Situation in düsteren Farben ausmalt, entpuppt sich zu guter Letzt jedoch als Retterin in der Not. Die Einbildungskraft verführt uns gelegentlich zu abwegigen Gedankenkonstruktionen, aber sie ist vertrauenswürdig, wenn wir uns an ihren »allgemeinen und eher feststehenden Eigenschaften«[170] orientieren. Während Hume an einigen Stellen seines Werkes unter Verstand (understanding) bzw. Vernunft (reason) ein besonderes, von der Einbildungskraft zu unterscheidendes Erkenntnisvermögen versteht, betont er in anderen Passagen die Identität von Verstand und Einbildungskraft. Eine Person hat Verstand, wenn sie sich an den allgemeinen und konstanten Eigenschaften ihrer Einbildungskraft orientiert. Demnach kann es überhaupt keinen Konflikt oder Widerspruch zwischen Verstand und Einbildungskraft geben. Entweder bezeichnet der Verstand die besagten allgemeinen Eigenschaften unserer Einbildungskraft oder er wird als ein spekulatives Vermögen begriffen. Als spekulatives Vermögen scheint der Verstand nichts anderes als eine entfesselte Einbildungskraft zu sein. Wenn es einen Widerspruch in unserem Denkvermögen gibt, dann besteht er innerhalb ein und desselben Vermögens, nämlich zwischen einer ›vernünftigen‹ und einer ›spekulativen‹ Einbildungskraft.

Die Einbildungskraft führt Hume (und uns) in den totalen Skeptizismus – aber sie führt ihn (und uns) auch wieder aus ihm heraus. Doch nach unserer Rückkehr in unsere vertraute Alltagswelt finden wir nicht die alten Gewissheiten vor. Unser Blick auf die Dinge hat sich verändert, weil wir nunmehr ein reflexives Wissen über den Status unseres Wissens erworben haben. Ganz in diesem Sinne stellt sich bei der Lektüre des Schlussabschnittes von »Über den Verstand« die Frage, ob Hume in ihm das Scheitern seines gemäßigten Skeptizismus eingestehen oder eher die Fiktion einer skeptischen Krise erzeugen möchte. Betrachten wir die letzten Absätze dieses Abschnittes, scheint es sich eher um eine Fiktion zu handeln, die Hume benötigt, um seinen ›richtigen‹ Begriff von Philosophie und Skepsis einführen zu können. Danach gibt es keinen letzten oder definitiven Grund, sich überhaupt der Philosophie zuzuwenden. Wer Philosophie betreiben will, muss dazu eine entsprechende Neigung empfinden und wie Hume die Hoffnung haben, ein wenig zu der Wissenschaft vom Menschen beitragen zu können. Am wichtigsten aber ist die folgende Einsicht: Wer den Menschen studiert, darf sich weder menschlich noch philosophisch von seinen skeptischen Erkenntnissen aus der Bahn werfen lassen. Die Quintessenz von Humes Philosophie besteht in der Erkenntnis, dass wir als Philosophen Skeptiker sein sollten, nicht ohne ihr selbst skeptisch gegenüberzustehen: »Der wahre Skeptiker wird seinen philosophischen Zweifeln wie seinen philosophischen Überzeugungen nicht vertrauen und wird niemals eine unschuldige Befriedigung zurückweisen, die sich bei den einen oder bei den anderen einstellt.«[171]

Die Dialektik von Wissen und Zweifel versucht Hume auch durch den Hinweis darauf zu beschreiben, dass wir als Skeptiker eigentlich keine Sätze formulieren, in denen Ausdrücke wie »es ist evident, es ist sicher, es ist unzweifelhaft«[172] vorkommen.

Doch tatsächlich vergessen wir unseren Skeptizismus, sobald im täglichen Leben bestimmte Neigungen bei der Betrachtung eines Objektes in uns hervorgerufen werden. Unsere »philosophische Melancholie«[173] wird durch die Natur, die uns dazu bestimmt hat zu atmen und zu handeln, selbst geheilt. Humes Skeptizismus ist eine Art von Naturalismus.

Der Abschnitt »Schluss dieses Buches« gehört sicherlich zu den bedeutendsten Texten aus Humes Feder, bewegt er sich hier doch auf verschiedenen Argumentationsebenen, die Auskunft über sein Verständnis von Philosophie und Wissenschaft geben. Eingebettet in einen zutiefst persönlich gehaltenen Gedankengang nimmt Hume Motive seiner Metaphysik- und Religionskritik auf, beschreibt verschiedene Ebenen von Skepsis und Überzeugung, von philosophischer Reflexion und alltäglichem Leben, nicht ohne einen Weg anzudeuten, der aus der philosophischen Melancholie führt. Als Skeptiker wider Willen findet er die Lebensform eines wahren Skeptikers: Von der Hoffnung auf Erkenntnis getrieben, erhellt die Natur selbst sein Gemüt, sobald er sich nach getaner Reflexionsarbeit ihrer Führung überlässt.

3. Affekte

So plötzlich wie die philosophische Melancholie von Hume Besitz ergriffen hat, so schnell verliert sie sich auch wieder. Im Verlaufe seiner weiteren Beschäftigung mit der menschlichen Natur vergisst Hume seine skeptische Grundhaltung und verwendet scheinbar bedenkenlos Ausdrücke wie »es ist evident, es ist sicher, es ist unzweifelhaft«. Der Skeptizismus stellt für ihn und für seine eigene Philosophie keine Gefahr mehr dar. Vielmehr greift er auf ihn als Waffe zurück, um seine Gegner, die vernunftverliebten Metaphysiker und die vernunftlosen Theologen und Schwärmer, in ihre Schranken zu weisen.

Hume möchte im zweiten Buch seines *Traktats* die »Natur, den Ursprung, die Ursachen und die Wirkungen«[174] der Affekte (passions) untersuchen. Je nach Kontext kann »passion« einen Affekt, eine Leidenschaft, ein Gefühl (emotion), einen Instinkt oder eine Empfindung (sentiment) bedeuten. Weil Affekte einfache Eindrücke sind, kann man sie im engeren Sinne des Wortes nicht definieren. Wer sie nicht fühlt, kann sie nicht verstehen. Einige wenige Affekte sind ursprünglich (original) mit unserer Natur gegeben, die meisten Affekte stammen jedoch aus der Reflexion und werden daher »sekundäre und reflexive Eindrücke«[175] genannt. Als Beispiele für ursprüngliche Affekte verweist Hume unter anderem auf unsere Liebe zum Leben, auf unsere Kinderliebe, auf unseren Wunsch, unsere Feinde bestraft und unsere Freunde glücklich zu sehen, sowie auf verschiedene körperliche Verlangen. Die primären Impulse und Instinkte werden nicht durch unsere Wahrnehmung von gut und schlecht hervorgebracht, sondern erzeugen diese ihrerseits.

Humes Hauptinteresse in »Über die Affekte« gilt den sekundären Eindrücken. Diese werden entweder unmittelbar durch Sinneseindrücke oder durch die Vermittlung (interposition) ihrer Ideen in uns hervorgerufen. Im ersteren Fall spricht Hume von direkten Affekten, im zweiten Fall von indirekten Affekten. Die direkten Affekte stammen unmittelbar aus unserer Wahrnehmung von gut (good) und böse/schlecht (evil) bzw. von Lust (pleasure) und Unlust (pain). Zu diesen Affekten gehören unter anderem das Begehren (desire), die Abneigung, die Trauer, die Freude (joy), die Furcht und die Hoffnung. Allerdings kennt Hume auch direkte Affekte, die auf einem völlig unerklärlichen »natürlichen Impuls oder Instinkt«[176] beruhen. Die indirekten Affekte werden im Gegensatz zu den direkten Affekten unter komplexen Bedingungen durch Eigenschaften in uns hervorgerufen, die mit unserer Wahrnehmung von gut und schlecht verbunden sind. Im Zentrum dieser Bedingungen steht die »doppelte Relation zwischen Ideen und Eindrücken«[177], mit der wir uns noch beschäftigen werden. Beispiele für indirekte Affekte sind Stolz (pride) und Demut (humility) sowie Liebe (love) und Hass (hate). Zu den indirekten Affekten gehören aber auch unsere ästhetischen und moralischen Gefühle, aufgrund deren wir äußere Objekte, Charaktere und Personen beurteilen.[178]

Obwohl es zahlreiche Überschneidungen und Ungenauigkeiten bei der Zuordnung gibt, gehören die sekundären Eindrücke ihrer Intensität nach entweder zur Klasse der ruhigen (calm) oder der heftigen (violent) Affekte. Die direkten Affekte sind in der Regel heftig, die indirekten Affekte sind dagegen entweder wie im Falle der Affekte des Stolzes, der Demut, der Liebe und des Hasses heftig, oder aber wie im Falle der ästhetischen und der moralischen Gefühle ruhig.

Auf die Unterscheidung zwischen heftigen und ruhigen Affekten greift Hume auch zur Erläuterung der Differenz zwischen Affekt und Vernunft zurück. Im eigentlichen Sinne des Wortes verstehen wir unter Affekt »ein heftiges und spürbares Gefühl des Geistes, wenn ihm irgendein Gutes oder Schlechtes präsentiert wird oder irgendein Gegenstand, der, aufgrund der ursprünglichen Formation unserer Vermögen, geeignet ist, in uns ein Verlangen (appetite) zu verursachen«[179]. Unter Vernunft versteht Hume nun kein Vermögen, das neben oder über den Affekten steht. Ganz im Gegenteil identifiziert er die (richtig verstandene) ›praktische‹ Vernunft mit den ruhigen Affekten. »Unter Vernunft verstehen wir Gemütsbewegungen (affections), die von gleicher Art sind wie die Affekte, die aber ruhiger wirken und keine Unordnung in der Gemütsverfassung verursachen. Diese Ruhe verleitet uns zu einem Irrtum ihnen gegenüber und bewirkt in uns die Ansicht, dass es sich bei ihnen um Schlussfolgerungen allein unserer intellektuellen Vermögen handelt.«[180] Humes Identifikation der Vernunft mit einem ruhigen Affekt ist vor allem für seine Analyse unseres Wollens und unserer ästhetischen und moralischen Urteile von Bedeutung.

Die indirekten Affekte

Hume beginnt[181] seine Ausführungen zu den Affekten mit den indirekten Affekten des Stolzes und der Demut und weist darauf hin, dass es kaum möglich ist, eine genaue Definition von ihnen zu geben. Weil es sich bei ihnen um einfache Eindrücke handelt, können wir nur die Umstände benennen, unter denen sie sich einstellen. Die erste und wichtigste Erkenntnis über sie besteht darin, dass sie als konträre Gefühle ein und dasselbe Objekt haben, nämlich das Selbst. Unser Stolz und unsere Demut richten sich auf Eigenschaften, die wir selbst haben. Doch wer ist dieses Selbst? Es ist nicht mehr und nicht weniger als diejenige »Abfolge aufeinander bezogener Ideen und Eindrücke, von denen wir eine innige Erinnerung und ein Bewusstsein«[182] haben. Was sich aus der Perspektive des Verstandes wie eine bloße Abfolge von Vorstellungen darstellt, ändert seinen Charakter völlig, sobald die Affekte des Stolzes und der Demut auftreten. Diese fixieren unseren Blick auf unser Selbst und damit das Selbst für den Zeitraum, in dem wir dieses Gefühl haben. Hume scheut in diesem Zusammenhang nicht davor zurück, von der »Idee von uns selbst«[183] zu sprechen. Der Sieg bei einem sportlichen Wettkampf, der Jahrzehnte in der Vergangenheit liegt, ruft noch heute Stolz in mir hervor, und dieser Stolz erzeugt damit ein Ich, das sich der Identität seiner selbst über die Zeit hinweg bewusst ist. »Wenn das Selbst nicht in die Betrachtung tritt, gibt es weder für Stolz noch für Demut Raum.«[184]

Wie ist der Mechanismus – und Hume lässt keinen Zweifel daran aufkommen, dass es sich hier um allgemeine Kausalbeziehungen handelt, die ohne unser Zutun bestehen – zu beschreiben, der uns Stolz und Demut empfinden lässt? Hume erklärt diesen Mechanismus durch eine »doppelte Beziehung von Ideen und Eindrücken«[185]. Ihm zufolge nimmt der Geist zunächst eine Idee wahr, die in ihm einen mit dieser verbundenen Eindruck (Affekt) hervorruft. Dieser Eindruck wendet seinerseits unseren Blick auf »eine andere Idee, nämlich die des Selbst«[186]. Der Affekt steht also zwischen einer Idee, die seine Ursache ist, und einer anderen Idee, die er selbst hervorbringt und die sein Objekt ist. Welche Qualität oder Eigenschaft bringt den Affekt beispielsweise des Stolzes hervor? Betrachten wir die Umstände, unter denen wir Stolz empfinden, kann alles Mögliche, was einen Bezug auf uns und unser Selbst hat, seine Ursache sein: Die bereits erwähnte Erinnerung an einen sportlichen Erfolg, die Mitgliedschaft in einem Verein, ein gutes Gedächtnis, Schlagfertigkeit, Mut, Schönheit, das Land, in dem man geboren wurde, die Muttersprache oder das Haustier auf dem Sofa.

Die das Gefühl des Stolzes hervorrufenden Eigenschaften sind jedoch nicht völlig beliebig. Kein Mensch ist stolz darauf, durch eine Prüfung gefallen oder einer anderen Person etwas Böses angetan zu haben. Obwohl es sehr große Unterschiede zwischen den Dingen und Eigenschaften gibt, denen unser Stolz gilt, erklären sich diese durch natürliche Differenzen in unseren Temperamenten sowie durch die Komplexität des Menschen, aber auch durch künstliche Faktoren wie Fleiß und Wohlstand. Trotz aller Differenzen im Einzelnen können wir darauf vertrauen, dass Menschen niemals indifferent sein werden gegenüber »Macht und Reichtum, Schönheit oder persönlichem Verdienst«[187], solange die menschliche Natur dieselbe bleibt.

Betrachten wir die Beziehungen, die zwischen Ideen und sekundären Eindrücken bestehen, entdecken wir eine »Art von Attraktion«[188] zwischen ihnen, die es uns natürlich erscheinen lässt, dass eine Person auf etwas mit dem Affekt des Stolzes reagiert, ohne dass wir selbst dieses Gefühl empfinden müssten. Zugleich erklärt das Fehlen dieser Attraktion auf ebenso natürliche Weise, warum eine andere Person auf den sportlichen Erfolg, dem mein ganzer Stolz gilt, mit Indifferenz reagiert. Allerdings werden alle unsere Affekte durch allgemeine Regeln (general rules)[189] beeinflusst, die auf Gewohnheit beruhen. Diese sozial vermittelten Regeln stellen Maßstäbe dar, mittels deren wir die Angemessenheit oder Unangemessenheit von Gefühlen und Handlungen beurteilen *sollten*. Wir billigen unseren unschuldigen Stolz auf einen persönlichen Erfolg, weisen ihn aber als ungebührend zurück, sobald er ein bestimmtes Maß überschreitet.

So wie Stolz und Demut uns selbst zum Objekt haben, richten sich unsere Affekte der Liebe und des Hasses auf andere Personen. Selbstliebe und Selbsthass sind demnach für Hume Ausdrücke, die nur eine grammatische Ähnlichkeit mit den Affekten der Liebe und des Hasses aufweisen. Eine andere Person (im weitesten Sinne des Wortes) zu lieben ist Humes Einschätzung nach grundsätzlich von der Liebe verschieden, die wir uns selbst gegenüber empfinden mögen. Die Bedeutung von Liebe (und Hass) erklärt sich am besten durch geistige Eigenschaften wie Tugend, Wissen, Humor und Witz, durch körperliche Qualitäten wie Schönheit und Kraft oder durch äußere Umstände wie Familie, Kleidung oder Nation. So lieben wir einen reichen Prinzen in einem würdevollen Palast oder einen Philosophen, der mit seinen Schriften unser Wissen erweitert. Daran, dass der Prinz in seinem Palast auf seinen Reichtum und der Philosoph in seiner Studierstube auf seine Klugheit stolz ist, zeigt sich, dass dieselben Qualitäten, die in uns die Affekte des Stolzes und der Demut hervorrufen, zugleich die Ursachen von Liebe und Hass sind.[190]

Sympathie

In der bisherigen Darstellung der Affekte haben wir uns auf ihre natürlichen Ursachen konzentriert. Affekte haben aber auch sekundäre Ursachen, ohne die nicht verständlich wäre, auf welche Art und Weise sie Besitz von uns ergreifen. Worin bestehen diese sekundären Ursachen? Im Falle der Affekte des Stolzes und der Demut bestehen sie in unserer Wahrnehmung der Affekte, die andere Personen uns gegenüber empfinden. Ob es sich um unser Ansehen, unseren Charakter, unsere Tugend oder unsere Reichtümer handelt, in jedem Fall sind es nicht die natürlichen Eigenschaften allein, die in uns den Affekt des Stolzes oder der Demut hervorrufen. Unser Empfinden wird immer auch durch die Ansichten und Meinungen der Anderen beeinflusst.

Aber warum nehmen wir überhaupt ein Interesse an den Meinungen anderer? Hume verweist auf das Prinzip der Sympathie. »Es gibt keine bemerkenswertere Eigenschaft der menschlichen Natur, sowohl an sich selbst betrachtet als auch mit Blick auf ihre Konsequenzen, als diese Neigung, die wir haben, mit anderen zu sympathisieren und durch Kommunikation ihre Neigungen und Gefühle zu empfangen, wie verschieden oder sogar wie widersprechend sie zu unseren eigenen auch sein mögen.«[191] Ähnlich wie die Assoziationsprinzipien unsere Perzeptionen miteinander verknüpfen, verbindet die Sympathie – ein Wort, das seinem griechischen Ursprung nach ein Mit-Empfinden, Mit-Fühlen oder Mit-Leiden bedeutet – alle Lebewesen miteinander (associates them together)[192]. Aufgrund der Sympathie ist mir das Schicksal wie die Meinung, die der Andere von mir hat, nicht gleichgültig. »Wenn alle Kräfte und Elemente der Natur sich vereinigten, um einem einzigen Menschen zu dienen und zu gehorchen, wenn die Sonne auf seinen Befehl hin aufginge und unterginge, die See und die Flüsse nach seinem Belieben fluteten und wenn die Erde ihn von sich aus mit allem versorgte, was nützlich und angenehm für ihn ist, würde er sich doch elend fühlen, bis du ihm wenigstens eine Person gibst, mit der er sein Glück teilen und an dessen Wertschätzung und Freundschaft er sich erfreuen kann.«[193] Indem sie einen Austausch unserer Empfindungen bewirkt, ebnet die Sympathie nicht nur die großen Unterschiede in unserem Empfinden ein; ohne Sympathie hätten wir zahlreiche Affekte überhaupt nicht, weil sie ohne Bezug auf die Gefühle des Anderen keinen Sinn ergeben würden. Wäre der Andere mir völlig gleichgültig, würde ich ihn weder lieben noch hassen. Durch Sympathie bilde ich seine Empfindungen in mir ab, die ihrerseits einen (entweder positiven oder negativen) Affekt in mir hervorrufen, der seinerseits vom Anderen wahrgenommen wird, was wiederum ich wahrnehme.[194] Die Sorge des

Anderen um seine Kinder macht auch mich besorgt und findet die Zustimmung des Anderen, während der unbegründete Hass des Anderen auf seinen Konkurrenten meine Missbilligung hervorruft. Meine Missbilligung wird vom Anderen wahrgenommen, woraufhin der Andere in bestimmter Weise reagiert. Das durch das Prinzip der Sympathie ermöglichte Wechselspiel der Gefühle veranschaulicht Hume mit einer Metapher: »Wir können ganz allgemein bemerken, dass die Geister [minds] der Menschen füreinander wie Spiegel sind. Und dies nicht allein, weil sie ihre Gefühle wechselseitig reflektieren, sondern auch, weil diese Strahlen der Leidenschaften, Empfindungen und Meinungen oftmals hin- und zurückgeworfen werden und allmählich verlöschen können.«[195] Das ursprüngliche Vergnügen, dass ein reicher Mensch an seinem Reichtum empfindet, wird ergänzt durch ein zweites Vergnügen, dass sich in ihm einstellt, sobald er an die Liebe und die Wertschätzung denkt, die die anderen ihm gegenüber aufgrund seines Reichtums empfinden.

Hume geht davon aus, dass wir einen lebendigen Eindruck von uns selbst haben. Wenn etwas einen Bezug auf uns selbst haben soll, dann muss es ebenso lebendig oder stark sein wie dieser Eindruck, den wir von uns selbst haben. Wie aber kann ein Eindruck oder eine Idee diesen Grad der Lebendigkeit erreichen? Durch die Relationen der Ähnlichkeit und der Nähe. Wir sympathisieren eher mit Menschen, die wir kennen und mit denen wir befreundet sind, als mit solchen, die in entfernten Regionen unseres Landes leben. Das Leid und die Freude des Nachbarn stehen uns näher als die Gefühle einer Person, die wir nur vom Hörensagen kennen.

Wir können uns das Prinzip der Sympathie wie einen Magneten vorstellen, dessen Anziehungskraft mit der Entfernung abnimmt. Steht uns ein Mensch sehr nahe und sind uns seine Gefühle vertraut, dann werden sie gewissermaßen zu unseren eigenen. Sie werden Teil unseres eigenen Selbst, weil sie sich aufgrund des natürlichen Prinzips der Sympathie von einer Idee in einen Eindruck verwandeln.[196] Das Glück und das Leid des Anderen werden durch dieses Kommunikationsprinzip zu meinem Glück und zu meinem Leid. Empfindet eine Person jedoch eine Freude oder ein Leid, das der Situation und dem allgemeinen menschlichen Empfinden nicht zu entsprechen scheint, dann missbillige ich ihr Empfinden. Ohne Sympathie gäbe es also auch keine Unterscheidung zwischen Tugend und Laster.

Die direkten Leidenschaften und der Wille

Die direkten Affekte, die wir am besten ›Leidenschaften‹ nennen, entspringen unmittelbar aus unserer Wahrnehmung von Gut und Schlecht, Schmerz und Freude. Begehren und Abneigung, Trauer und Freude, Hoffnung und Frucht werden in uns verursacht, sobald wir Dinge als angenehm oder unangenehm wahrnehmen. Aufgrund eines »*ursprünglichen* Instinkts«[197] begehren wir das Gute und meiden das Übel. Wir freuen uns, wenn uns etwas Gutes geschieht, und wir sind traurig, wenn wir einen großen Verlust erleiden.

Humes Ausführungen über die Affekte könnten sich mit den wenigen Seiten, die er den direkten Leidenschaften widmet, erschöpfen, wenn es nicht noch einen Begriff gäbe, der eine ausführliche Diskussion erforderte: der Wille. Betrachten wir diesen aus der Perspektive der direkten Leidenschaften, dann scheint er nicht mehr und nicht weniger als einen Modus des Begehrens zu bezeichnen: »Der Wille gelangt zur Ausübung, wenn entweder das Gute oder die Abwesenheit des Schlechten erreicht werden kann durch irgendeine Handlung des Geistes oder des Körpers.«[198] Wenn dies die Definition des Willens ist, dann drückt er unser handlungseffektives Begehren aus, das Gute zu suchen und das Schlechte zu meiden. In keinem Falle aber würde er ein Vermögen bezeichnen, mittels dessen wir unsere Handlungsziele frei wählen könnten. Und genau das ist Humes These. In einer längeren Abhandlung, die er seiner Beschäftigung mit den direkten Leidenschaften voranschickt, widmet er sich in einem *ersten* Schritt dem Verhältnis von Freiheit und Notwendigkeit. Weil alle unsere Willensäußerungen (actions of the will)[199] partikulare Ursachen haben und wir frei sind, sofern es uns gelingt, nach diesen Ursachen in der Welt zu wirken, gibt es für Hume keinen Gegensatz zwischen Freiheit und Notwendigkeit. Hume ist also Kompatibilist, d.h., er vertritt die Ansicht, dass Freiheit und Notwendigkeit denselben Bedeutungsumfang haben. Mit diesem Kompatibilismus grenzt er sich vor allem gegen die Theorie des Voluntarismus oder Indifferentismus ab, die besagt, dass sich unser Wille von sich aus und völlig frei zum Handeln bestimmt.

In einem *zweiten* Schritt widmet sich Hume speziell den Ursachen und Motiven, aus denen heraus der Wille in Bewegung gesetzt wird. Dieser Argumentationsgang hat ein negatives und ein positives Beweisziel: Nicht die Vernunft, sondern unsere heftigen (violent) Affekte und Leidenschaften setzen uns in Bewegung.

Freiheit und Notwendigkeit

Humes Ausführungen zum Verhältnis von Freiheit und Notwendigkeit[200] gewinnen vor dem Hintergrund der auch im 18. Jahrhundert kontrovers geführten Debatte, ob wir Menschen über eine indifferente Freiheit (*libertas indifferentiae*) verfügen, an Kontur. Von einem indifferenten Wollen ist dabei in mindestens *zwei* verschiedenen Bedeutungen die Rede. Dieses Wollen kann *erstens* eine Indifferenz meinen, die aus unserer Unkenntnis des Guten und Schlechten resultiert, und sie kann *zweitens* eine Indifferenz gegenüber dem als gut und als schlecht Erkannten bedeuten. Im ersten Fall können wir uns nicht rational entscheiden, weil wir die Gründe nicht kennen, die für die eine oder andere Alternative sprechen. Im zweiten Fall kennen wir zwar diese Gründe, haben aber dennoch die Freiheit, uns auch gegen unsere besten Gründe zu entscheiden. Philosophisch umstritten ist die zweite Bedeutung von Indifferenz.[201]

Die vielleicht einflussreichste Konzeption menschlichen Wollens, die auf dem europäischen Kontinent in der ersten Hälfte des 18. Jahrhunderts vertreten wurde, stammt aus der Feder des Leibnizianers Christian Wolff. Wolffs Auffassung über die Natur unserer Handlungsgründe und -motive fußt auf bestimmten Behauptungen über die Natur moralischer Verpflichtungen und die Freiheit des menschlichen Willens. Was die Natur unserer moralischen Verpflichtungen betrifft, verweist Wolff auf das Gesetz der Natur, das uns unsere Vervollkommnung gebietet: »*Thue was dich und deinen oder anderer Zustand vollkommener machet; unterlaß, was ihn unvollkommener machet.*«[202] Nach Wolff ist mit der Erkenntnis dieses Gesetzes eine Motivation verbunden: Was uns und unseren Zustand vollkommener macht, das entspricht unserer Natur und wird von uns begehrt.[203]

Mit Blick auf die Freiheit des menschlichen Wollens vertritt Wolff mit Leibniz nun die Auffassung, dass es immer einen zureichenden Grund für unser Wollen geben muss, der in nichts anderem als in unserer Erkenntnis des Guten besteht. Diese Erkenntnis beruht auf dem Vermögen einer Person, zwischen deutlichen und undeutlichen Vorstellungen unterscheiden zu können. Erkennt eine Person ein Ding deutlich, dann erkennt sie auch, ob das Ding wahrhaft gut oder schlecht ist. Was sie aber als gut erkennt, das erstrebt sie auch. Wird somit der Wille nach dem

Satz vom zureichenden Grund durch die Gründe bestimmt, die der Verstand als gut oder schlecht erkennt, dann hat der Mensch nicht die Wahl, etwas zu wollen, was er als schlecht erkannt hat. Die einzige Möglichkeit, unser Wollen im Sinne des Naturgesetzes zu verbessern, besteht daher in der Verbesserung unserer Erkenntnis des Guten.[204] Die Konzeption einer *libertas indifferentiae* lehnt Wolff konsequenterweise mit Leibniz entschieden ab.[205]

Wenden wir uns mit Christian August Crusius einem Anhänger der Konzeption der *libertas indifferentiae* zu, so finden wir ein völlig anderes Bild vor. Crusius weist die Position von Wolff als deterministisch zurück. In einer besonders aussagekräftigen Passage seiner *Anweisung vernünftig zu leben* von 1744 unterscheidet er drei Arten von Freiheit: »[...] 1) eine *Freyheit nur zum Guten*, welche nur unter den möglichen guten Thaten eine frey erwehlen kan, 2) eine *Freyheit nur zum Bösen*, welche nur unter den möglichen bösen Thaten eine frey erwehlen kan, 3) eine *Freiheit zum Guten und Bösen*, welche sich sowohl zu guten als bösen Thaten determiniren kan, weil ihr beyde möglich sind.«[206]

Die Handlungsentscheidung eines Menschen erklärt sich nach Crusius also nicht durch den Grad ihrer Erkenntnis des Guten. Vielmehr hätte sich der Mensch bei gleichem Wissen um das Gute und Schlechte auch anders entscheiden können, als er sich tatsächlich entschieden hat, wenn er es denn gewollt hätte. Ob sich der Mensch für das Gute oder das Schlechte entscheidet, ist für Crusius in letzter Konsequenz eine Frage des Wollens. Gerade weil das Prinzip des zureichenden Grundes, das die Grundlage von Wolffs Begriff menschlichen Wollens darstellt, nach Crusius nicht gilt, ist eine Person im vollen Sinne des Wortes für ihre Entscheidung und für ihr Handeln verantwortlich. Hätte ein Mensch diese Freiheit zum Guten wie zum Bösen nicht, würde im Übrigen der Begriff des moralischen Sollens keinen Sinn ergeben. Dementsprechend kennen Gott und Teufel kein Sollen: Gott hat nur die Freiheit, eine gute Handlung, und der Teufel hat nur die Freiheit, eine böse Handlung zu wählen.[207]

Hume vermag mit der Konzeption der *libertas indifferentiae* ebenso wenig anzufangen wie mit dem leibnizianischen Modell des Willens. Sprechen wir von der Notwendigkeit einer Verknüpfung zwischen Ursache und Wirkung, meinen wir nichts anderes, als dass wir aufgrund unserer mentalen Konstitution die starke Erwartung hegen, dass ein bestimmtes Ereignis die Ursache eines anderen ist. Dieselben Naturgesetze, die bewirken, dass morgens die Sonne aufgeht, determinieren auch unser Wollen. Diese Gesetze kennen wir aus der Erfahrung. Wir wissen nicht nur aus Erfahrung, dass Menschen das Gute erstreben und das Schlechte meiden; wir sind auch mit den partikularen Kausalbeziehungen vertraut, die aus den besonderen Umständen, unter denen Menschen handeln, und aus der Beschaffenheit ihres Charakters folgen. Selbst wenn wir uns unschlüssig sein sollten, wie ein Mensch unter Umständen, in denen er sich bisher nicht bewegt hat, handeln wird, sind wir doch überzeugt, dass sein Wollen nicht beliebig sein wird. Würden wir alle Umstände kennen, könnten wir sein Wollen prognostizieren. In der Gleichförmigkeit unseres Wollens und Handelns besteht das Wesen der Notwendigkeit.[208]

Die Gleichförmigkeitsthese beweist, dass wir die Motive unseres Handelns nicht frei wählen können. Behauptet man dagegen, dass der Wille im Sinne einer *libertas indifferentiae* völlig frei seine Motive wählen kann, muss man entweder verneinen, dass gleiche Umstände (Charaktere, Motive) gleiche Handlungen hervorbringen. Oder man muss die Existenz von Handlungen einräumen, die unverursacht existieren. Beide Behauptungen weist Hume als unzureichend zurück. Wenn wir beobachten, dass jemand auf andere Weise handelt, als von uns erwartet, urteilen wir nicht, dass seine Handlung nicht notwendig war. Vielmehr schließen wir, dass wir ihre Ursache nicht richtig erkannt haben. Die Enttäuschung unserer Erwartung widerlegt nicht unsere Theorie, sondern zeigt vielmehr, dass unser Wissen unvollständig war.[209]

Die Gleichförmigkeits- und die Notwendigkeitsthese stellen nach Hume zwei Seiten ein und derselben Medaille dar. Wer diese beiden Thesen negiert, behauptet die Zufälligkeit unserer Handlungen. Weil der Zufall aber dem allgemeinen Kausalitätsgesetz widerspricht, an das zu glauben wir aufgrund unserer bisherigen Erfahrungen genötigt sind, ist diese Position nicht überzeugend. Wir fühlen, dass der Nachbar uns hassen wird, wenn wir unaufgefordert seine Bäume fällen, und wir fühlen uns verpflichtet, ihm für ein Geschenk zu danken. Diese Gefühle sind nach Hume fester Bestandteil unserer Natur und machen unser Wollen und Handeln berechenbar.

Wenn etwas so offenkundig absurd ist wie die Theorie der Willensfreiheit, stellt sich die Frage, warum sie von Philosophen und Theologen überhaupt vertreten worden ist. Hume nennt drei Gründe:

(1) Nachdem wir eine Handlung vollzogen haben und obwohl wir zugestehen, durch bestimmte Ansichten und Motive beeinflusst worden zu sein, wollen wir uns nicht eingestehen, einer Notwendigkeit zu unterliegen.[210] Denn Notwendigkeit scheint eine unbewusste Gewalt oder einen unbewussten Zwang zu bedeuten. Doch die Notwendigkeit widerspricht nach Hume nicht jeder Art von Freiheit. Während die »Freiheit der Indifferenz« (liberty of *indifference*) ihr widerspricht, gilt dies nicht von der »Freiheit der Spontaneität« (liberty of *spontaneity*)[211]. Über die »Freiheit der Spontaneität« verfügen wir nach Hume immer dann, wenn wir nicht daran gehindert werden, das zu tun oder zu unterlassen, was wir wünschen oder begehren. Gelingt es mir

also, meinen Wunsch nach einem kühlenden Getränk zu erfüllen, dann bin ich auch frei. Demnach widerspricht die Notwendigkeit nicht der Freiheit in *diesem* Sinne des Wortes, sondern vielmehr einerseits dem Zwang und andererseits dem Zufall. Werde ich zu einer Handlung gezwungen oder an ihrer Ausführung gehindert, dann bin ich nicht frei; habe ich die Handlung nicht beabsichtigt, dann ist sie zufällig, weil es keinen notwendigen Zusammenhang zwischen meinem Motiv und der Handlung gibt.

Humes kompatibilistische Freiheitskonzeption kann man sich vielleicht am besten durch die begriffliche Unterscheidung zwischen Willkürfreiheit und Handlungsfreiheit verdeutlichen. Würden wir Menschen über Willkürfreiheit verfügen, könnten wir wählen, was wir wollten. Es gäbe keinen Grund, eher das eine oder das andere zu begehren. Diesen Begriff von Willensfreiheit als Willkürfreiheit lehnt Hume entschieden ab. Sein Begriff von Willensfreiheit wird heute zumeist als Handlungsfreiheit bestimmt. Danach unterliegt auch mein Wollen dem Kausalprinzip. Ich handle nach dem Wunsch, der kausal am stärksten ist. Oder anders formuliert: In meinem Wollen und Handeln zeigt sich, welches mein kausal stärkster Wunsch bzw. mein kausal stärkstes Begehren ist.

(2) Nach Hume gibt es »eine falsche Empfindung oder Erfahrung« (a false sensation or experience)[212] der »Freiheit der Indifferenz«, die als Argument für ihre Existenz angeführt wird. Wir fühlen, dass unsere Handlungen von unserem Willen abhängig sind, und bilden uns ein, unser Wille sei völlig frei. Doch wenn der Philosoph versucht, diese Freiheit der Indifferenz zu beweisen, offenbart er in Wahrheit nur seinen Wunsch, diese Freiheit zu beweisen. Wenn ich mich von meinem Stuhl erhebe[213], beweise ich mit diesem Akt nicht den Indifferentismus, sondern nur, dass ich nicht gehindert werde, mich vom Stuhl zu erhe-

ben, wenn ich den Wunsch habe, mich vom Stuhl zu erheben. Meine Handlung beweist aber nicht, dass sie grundlos erfolgte.

Hume führt eine zweite Überlegung an: Der Philosoph mag sich zwar einbilden (imagine), eine innere Freiheit zu spüren, wenn er sich vom Stuhl erhebt, um seine Freiheit zu beweisen. Aber ein äußerer Beobachter kann die Handlung des Philosophen in der Regel aus seinen Motiven und seinem Charakter ableiten, noch bevor sie geschieht. Erhebt sich der Philosoph unseres Beispiels entgegen allen Erwartungen nicht von seinem Stuhl, widerlegt dies nicht den Beobachter. Dieser schließt vielmehr, mit der jetzigen Gemütslage des Philosophen nicht hinreichend vertraut gewesen zu sein: Für gewöhnlich erhebt sich der Philosoph zum Beweise seiner Freiheit vom Stuhl; heute jedoch aus unbekannten Gründen nicht.[214] Vielleicht ist er im Laufe der Jahre müde geworden, zum Zwecke des Freiheitsbeweises immer aufgestanden zu sein, ohne einen entsprechenden Sinneswandel bei seinen anwesenden Opponenten bewirkt zu haben.

(3) Ein weiterer Grund für die Attraktivität des Indifferentismus ist religiöser Natur. Gemäß den zwei Definitionen von Ursache gibt es auch zwei Definitionen von Notwendigkeit. Die Notwendigkeit besteht entweder in der konstanten Verknüpfung von ähnlichen Gegenständen oder in dem auf Erfahrung beruhenden Übergang unseres Geistes von einem Gegenstand auf den anderen. Hume konterkariert nun die Position der Gegner, die besagt, dass eine Person nur dann im vollen Sinne des Wortes für ihr Handeln verantwortlich ist, wenn sie sich völlig frei zum Handeln bestimmen kann. Wäre dies richtig, dann würde dies die Notwendigkeit aufheben und damit gerade die Zurechenbarkeit einer Handlung unmöglich machen. Läge die Ursache der Handlung nicht in der Person, dann könnte sie dafür auch nicht bestraft werden. Nach der ›Freiheitshypothese‹ wäre der Mensch so rein und unschuldig wie vor seiner verabscheu-

ungswürdigen Tat. »Allein nach den Prinzipien der Notwendigkeit erwirbt eine Person irgendein Verdienst oder irgendeinen Mangel durch ihre Handlungen, wie auch immer die gewöhnliche Meinung zum Gegenteiligen geneigt sein mag.«[215]

Was folgt aus diesen Überlegungen für unser Verständnis des Willens? Weil es nach Hume keine Willkürfreiheit gibt, kann der Wille nicht als ein besonderes Vermögen verstanden werden, mittels dessen wir darüber entscheiden, nach welchen Affekten oder Leidenschaften wir handeln wollen. Weil der Wille zudem keine direkte Leidenschaft ist, scheint es für ihn überhaupt keinen systematischen Ort im System der Leidenschaften und Affekte zu geben. Doch diese Konsequenz mag Hume nicht ziehen. Er definiert den Willen als einen *»inneren Eindruck, den wir fühlen und dessen wir uns bewusst sind, wenn wir wissentlich eine neue Bewegung unseres Körpers oder eine neue Wahrnehmung unseres Geistes verursachen«*[216]. Dieser Eindruck ist einfach und kann nicht weiter definiert werden. Die Umstände, unter denen er sich bei uns einstellt, scheinen für eine Interpretation im Sinne eines Begleitphänomens zu sprechen. Der Wille ist der Modus, in dem wir uns bewusst sind, Dinge zu begehren, zu verursachen oder zu veranlassen, ohne dazu gezwungen zu werden. Er ist eine Art von Selbstgefühl, das sich bei uns unter Bedingungen zwanglosen Begehrens einstellt.

Mit dieser ernüchternden Erkenntnis beendet Hume dem eigenen Selbstverständnis nach eine lange, verwirrende und unfruchtbare Kontroverse über die Freiheit des menschlichen Willens. Wir sind frei, wenn wir die Dinge tun können, die wir zu tun wünschen. Unsere Freiheit widerspricht nicht der Notwendigkeit, weil diese eine Art der Bestimmtheit unseres Geistes bedeutet, Perzeptionen aufgrund der Assoziationsgesetze miteinander zu verbinden. Gäbe es diese Notwendigkeit nicht, könnten wir auch nicht planvoll unsere Wünsche zu erfüllen versuchen.

Beweggründe

Wenn unser Wollen einzig und allein durch Beweggründe bestimmt wird, deren wir uns bewusst sind (oder bewusst werden können), fragt sich, von welcher Art und Beschaffenheit sie sind. Stammen sie aus der Vernunft oder aus unserer affektiven Natur? Die Alternative zwischen Vernunft und Gefühl wird vor Hume in aller Klarheit und Entschiedenheit bereits von Hutcheson in seinen *Erläuterungen zum moralischen Sinn* (1728) zugunsten der affektiven Natur entschieden. Unsere Motive, die Hutcheson Beweggründe (exciting reasons) nennt, können nicht auf der Vernunft beruhen: Alle Handlungen zielen auf einen Zweck; Zwecke werden uns aber nicht von der Vernunft, sondern von unseren Affekten und Neigungen vorgegeben, die uns auch in Bewegung setzen.[217] Die kausale Rolle der Vernunft beschränkt sich nach Hutcheson einerseits auf unsere Urteile über Tatsachen, die ihrerseits bestimmte Affekte in uns hervorrufen. Erkenne ich die Notsituation einer Person, weckt dies in mir das Verlangen, ihr zu helfen. Erkenne ich diese Situation nicht, dann habe ich natürlich auch nicht den Wunsch, ihr zu helfen. Andererseits benötige ich meine Vernunft, um die Mittel erkennen und ergreifen zu können, die für das Erreichen meines Handlungszwecks vonnöten sind. Ohne wahre Urteile über die Dinge und Sachverhalte dieser Welt hätte ich keine ›richtigen‹ Affekte; und ohne die technische oder instrumentelle Inanspruchnahme meiner Vernunft würde ich keines meiner Ziele erreichen können. Die Zwecke selbst werden mir aber ausschließlich durch meine Affekte und Leidenschaften gegeben.

Hume stimmt mit Hutcheson – ohne ihn in diesem Zusammenhang namentlich zu nennen – völlig überein. Weil die »Vernunft allein«[218] unseren Willen niemals in Bewegung setzen kann, ist auch das Konfliktmodell menschlichen Wollens nicht zutreffend, wonach unsere Vernunft unseren Leidenschaften bei der Bestimmung unseres Willens zu opponieren vermag. Eine Leidenschaft kann nur durch eine andere Leidenschaft korrigiert werden. Mit einer Hutcheson allerdings unbekannten Radikalität drückt Hume das Verhältnis von Vernunft und Leidenschaft mit folgenden, berühmt gewordenen Worten aus: »Die Vernunft ist die Sklavin der Leidenschaften und sollte es sein; sie kann niemals einen anderen Dienst vorgeben, als ihnen zu dienen und zu gehorchen.«[219]

Ob diese Formulierung geeignet ist, das Verhältnis von Vernunft und Leidenschaft zufriedenstellend auszudrücken? Wenn die Leidenschaften Wirkungen meiner Vernunfturteile sind, wie kann die Vernunft dann ihre Sklavin sein? Schreibt Hume nicht selbst an anderer Stelle, dass unsere Handlungsimpulse zwar nicht aus der Vernunft entspringen, aber durch diese »angewiesen« (directed)[220] werden? Eine Leidenschaft kann als eine »ursprüngliche Existenz«[221] zwar im eigentlichen Sinne des Wortes weder wahr noch falsch sein. Wir haben Leidenschaften oder wir haben sie nicht. Und dennoch gibt es einen guten Sinn zu sagen, dass die Vernunft den Weg vorzeichnet, auf dem uns die Leidenschaften entlangführen. Die Vernunft scheint zur gleichen Zeit Herrin und Sklavin zu sein: Als *Herrin* urteilt sie aufgrund von Beobachtung und Erfahrung völlig eigenständig über die Existenz von Dingen und Ereignissen in der Welt. Begeht sie einen Fehler, haben die Leidenschaften keine Chance, die Vernunft zu korrigieren. Nur unser praktisches Scheitern deckt einen Fehler der Vernunft auf. Als *Sklavin* dient sie aber insofern den Leidenschaften, als sie nach den Mitteln Ausschau halten muss, die benötigt werden, um die aus unseren Leidenschaften folgenden Ziele zu erreichen.

Ist Humes Position überzeugend? Sind wir uns nicht gelegentlich bewusst, nach Motiven zu handeln, die keinerlei emotionalen Aspekt haben? Hume versucht, diesen Einwand durch den Verweis auf »ruhige« Leidenschaften zu entkräften. Es gibt seiner Ansicht nach in der Tat Handlungen, die auf einem Vernunftschluss zu beruhen scheinen, weil wir kaum ein Gefühl wahrnehmen, wenn wir sie ausführen. Doch immerhin handelt es sich um ein »kleines Gefühl«[222]. Hume äußert auch den Gedanken, dass manche unserer Wünsche zwar Leidenschaften sind, uns aber mehr durch ihre Wirkungen als durch ein »unmittelbares Gefühl oder eine unmittelbare Empfindung« (immediate feeling or sensation)[223] bekannt sind.

Es gibt allerdings auch den entgegengesetzten Fall: In einigen Fällen sind unsere Gefühle und Leidenschaften so stark, dass wir uns etwas wünschen, was uns schaden kann.[224] Wir wünschen, dass eine Person, die uns verletzt hat, bestraft wird, obwohl wir keinen Nutzen davon haben. Dementsprechend versteht Hume unter Charakterstärke das Vorherrschen der ruhigen gegenüber den heftigen Leidenschaften.

Betrachten wir die Ursachen und Wirkungen unserer ruhigen und heftigen Leidenschaften, öffnet sich ein weites Feld an Differenzierungen und Untersuchungen. Einen wichtigen Stellenwert schreibt Hume dem Prinzip zu, dass ein Gefühl, das einer Leidenschaft vorhergeht oder sie begleitet, leicht selbst in eine Leidenschaft überführt werden kann.[225] So bereitet uns das, was neu und ungewöhnlich ist, mehr Vergnügen, als der Sache angemessen ist. Sobald wir wiederholten Umgang mit dieser Sache hatten, flacht unsere Leidenschaft jedoch ab, und wir betrachten sie mit der nötigen Ruhe und Distanz. Gewohnheit und Wiederholung sind neben der Einbildungskraft und dem Prinzip der raumzeitlichen Nähe und Ferne die wichtigsten Faktoren, die auf unsere Leidenschaften einwirken und erklären, warum wir eher das eine als das andere erstreben. Im Allgemeinen haben die heftigen Affekte (Leidenschaften) einen größeren Einfluss auf unseren Willen, obwohl die ruhigen Affekte, die, wie wir bereits gesehen haben, eine Form von Vernunft[226] darstellen, durchaus einen ebenbürtigen Einfluss haben können, wenn sie durch Reflexion und Entschlossenheit begleitet werden.

Humes These von der kausalen Ineffizienz der Vernunft und der Notwendigkeit unseres Handelns ist schon bald auf Kritik gestoßen. Besonders bemerkenswert ist die Position von Thomas Reid, der die Frage diskutiert, welchen kausalen Einfluss Motive auf unser Handeln haben können, wenn wir uns »moralische Freiheit«[227] zusprechen. Die beiden wichtigsten Aspekte, auf die er zu sprechen kommt, sind die folgenden:

Erstens werden alle rationalen Wesen durch Motive beeinflusst. Aber dieser Einfluss unterscheidet sich signifikant von Wirkursachen (efficient causes). Motive sind weder Ursachen unseres Handelns, noch handeln sie selbst. Ein Motiv stellt keine Tatsache dar, die unabhängig von unserer Wahrnehmung existiert, sondern existiert nur als etwas Wahrgenommenes.[228] Motive sind also Gründe, die mit einem Ratschlag oder mit einer Empfehlung verglichen werden können, der oder die einem Menschen die Freiheit lässt, ihn oder sie anzunehmen oder zu verwerfen. Würde der Mensch nicht über diese Freiheit verfügen, hätten die Motive keinerlei Einfluss auf ihn. Reid verwirft damit die These, dass jede Handlung eines intelligenten Wesens proportional zu der kausalen Kraft der Motive ist, die sein Wollen determinieren.[229]

Zweitens kann die Behauptung, dass sich von zwei konträren Motiven immer das stärkste durchsetzt, weder bewiesen noch widerlegt werden. Man müsste dazu wissen, was es bedeuten soll, dass ein Motiv der Qualität nach stärker ist als ein anderes.[230] Nach Reid hat noch niemand erklären können, was es heißt, dass ein Motiv stärker als ein anderes ist. Hume habe hierzu zwar einen Vorschlag unterbreitet, dieser sei jedoch völlig unzureichend. »Wenn wir ihre Stärke allein an ihrer Geltung [prevalence] messen und mit dem stärksten Motiv allein das geltende Motiv meinen, wird es in der Tat wahr sein, dass das stärkste Motiv gilt, aber die Aussage wird dann identisch sein und nichts anderes bedeuten, als dass das stärkste Motiv das stärkste Motiv ist. Daraus kann sicherlich keine Folgerung gezogen werden.«[231]

Konträre (contrary) Motive müssen nach Reids Verständnis wie Anwälte vor Gericht verstanden werden, die für konträre Seiten Partei ergreifen. Das Urteil wird jedoch nicht von den Anwälten, sondern vom Richter gefällt. Motive handeln nicht, sondern Menschen. Um die Stärke eines Motivs feststellen zu können, benötigen wir daher ein anderes Kriterium als das seiner faktischen Durchsetzung. Reid versucht, dieses Kriterium zu gewinnen, indem er zunächst zwischen animalischen und rationalen Motiven unterscheidet. Unterziehen wir die Motive dem animalischen Test, so *fühlen* wir, welches Motiv aus der Perspektive unserer animalischen Natur betrachtet am stärksten ist. Unterziehen wir sie dagegen dem rationalen Test, *beurteilen* wir, welches Motiv der Pflicht am meisten genügt. Weil der Mensch frei ist, muss er jedoch nicht nach dem besten rationalen Motiv handeln. Er kann sich für das stärkste animalische Motiv entscheiden und lasterhaft handeln, obwohl dieses Motiv nach dem rationalen Test für gewöhnlich das schwächste Motiv ist.[232]

Reid möchte also gegenüber Hume nachweisen, dass sich die von einer Person getroffene Wahl zwischen verschiedenen Handlungen im Medium von Gründen und nicht von kausalen Faktoren vollzieht, die nur als Gründe ausgegeben werden. Sicherlich geht von Gründen auch eine kausale Kraft aus, aber der Sinn eines Grundes erschließt sich nur aus der spezifischen Perspektive einer reflektierenden Person, die sich aus Einsicht in die normative Geltung von Gründen zum Handeln bestimmen will und kann.

4. Moralischer Geschmack

Der menschliche Geist wird durch die Empfindung von Lust und Unlust in Bewegung gesetzt. Ohne diese Empfindungen hätten wir kein Motiv, irgendetwas zu wollen oder zu tun. Auch würden wir keine Gefühle des Stolzes und der Demut, der Liebe und des Hasses empfinden. Im dritten Buch seines *Traktats*, »Über Moral«, stellt Hume nun die Behauptung auf, dass wir jede Eigenschaft des Geistes, die in uns oder in anderen Liebe und Stolz hervorruft, Tugend, und jede Eigenschaft, die Hass und Demut verursacht, Laster nennen. Weil Handlungen Rückschlüsse auf die charakterlichen Eigenschaften einer Person zulassen, können wir sie in einem abgeleiteten Sinne ebenfalls tugendhaft und lasterhaft nennen.[233] Doch warum verwenden wir die moralsprachlichen Ausdrücke nur zur Charakterisierung von Personen und nicht auch von unbelebten Dingen oder Tieren? Weil allein unsere Wahrnehmung menschlicher Charaktereigenschaften von bestimmten moralischen Gefühlen der Lust und Unlust (certain peculiar sentiments of pain and pleasure)[234] begleitet wird. Es fühlt sich schlichtweg anders an, von einem Menschen oder von einem herabfallenden Stein verletzt zu werden. Vernünftigerweise können wir nur einem Menschen gegenüber empört sein. Dabei unterliegt unsere moralische Reaktion gegenüber uns selbst und anderen ihrerseits bestimmten Kriterien, die Hume im Begriff des moralischen Sinnes (moral sense) oder des »moralischen Geschmacks« (moral taste)[235] zusammenfasst. Der Geschmack ist ein normativer Maßstab. Er zeigt an, wie man fühlen und urteilen sollte. Wer über Geschmack in moralischen und auch in ästhetischen Angelegenheiten (sense of beauty)[236] verfügt, der urteilt vom Standpunkt der Unparteilichkeit. Er beurteilt den Gegenstand so, wie ein guter Richter über einen Streitfall entscheidet, nachdem er zuvor alle Parteien gehört und alle relevanten Fakten zur Kenntnis genommen hat. Das ein unparteiisches moralisches und ästhetisches Urteil ermöglichende Prinzip ist das der Sympathie. So wie der Richter ein gerechtes Urteil finden möchte, weil er gerecht sein will, empfinden wir moralische Gefühle der Billigung oder Missbilligung, weil und insofern unsere Sorge (concern) dem Wohl und dem Interesse der Gesellschaft gilt. Auf dieser Sympathie mit dem öffentlichen Wohl oder dem Wohl einer Person beruhen alle moralischen Unterscheidungen.[237] Wir schätzen alle Qualitäten einer Person als tugendhaft, weil sie Mittel darstellen, das Wohl, mit dem wir als dem Endzweck unseres Wollens und Handelns sympathisieren, zu befördern.[238]

Bevor wir auf den auf Sympathie beruhenden Standpunkt der Moral zu sprechen kommen und Humes Unterscheidung zwischen natürlicher und künstlicher Tugend diskutieren, soll jedoch zunächst der moralphilosophische Kontext erläutert werden, in den sich Hume zu Beginn von »Über Moral« stellt.

Vernunft versus Gefühl

Die neuzeitliche Ethik ist seit ihrem Beginn in der zweiten Hälfte des 17. Jahrhunderts durch einen doppelten Grundlagenstreit geprägt.[239] Der *erste* Streit dreht sich um die Frage, über welche Typen von Wünschen, Neigungen oder Interessen Menschen faktisch verfügen. Gegen die Konzeptionen des aufgeklärten Eigeninteresses von Thomas Hobbes und Bernard de Mandeville wenden die durch das Werk von Shaftesbury beeinflussten schottischen Moralphilosophen von Hutcheson bis Adam Smith ein, dass Menschen nicht nur den Wunsch haben, ihr eigenes Wohl zu fördern, sondern auch ein praktisches Interesse am Wohl des Anderen nehmen.[240] Schon bei Hutcheson wird diese dualistische Konzeption menschlicher Wünsche zugunsten einer dritten Option erweitert: Menschen verfügen auch über Wünsche, die auf das Leid des Anderen gerichtet sind. Vielleicht wünschen sie sogar, selbst zu leiden.[241] Je nachdem, wie diese Wünsche gewichtet werden, ergeben sich auch unterschiedliche Konzeptionen moralischer Wertschätzung. So vertritt Hutcheson die Auffassung, dass Handlungen in einem doppelten Sinne des Wortes gut genannt werden können, weil das eigene Wohl und das des Anderen zwei unterschiedliche Endzwecke menschlichen Handelns darstellen. Dabei ist eine das Wohl des Anderen und mein eigenes Wohl befördernde Handlung selbstverständlich besser als eine Handlung, die nur dem Wohl des Anderen dient. Weil Handlungen zugleich verschiedene Motive haben können, muss Hutcheson im Unterschied zu Kant nicht die These vertreten, dass eine Handlung nur dann einen inneren moralischen Wert hat, wenn sie ausschließlich aus Achtung vor dem Moralgesetz ausgeführt wird.

Doch Hutchesons Philosophie war auch innerhalb der schottischen Moralphilosophie nicht unumstritten. Die Kritik betraf vor allem seine Unterscheidung zwischen *Beweggründen* (exciting reasons) und *Rechtfertigungsgründen* (justifying reasons)[242]. Welche Funktion hat diese Unterscheidung? Kann es nach Hutcheson Beweggründe geben, die nicht gerechtfertigt sind, oder Rechtfertigungsgründe, die uns nicht motivieren? Da alle Gründe für Hutcheson auf unseren Gefühlen beruhen und Gefühle eine kausal motivierende Kraft haben, kann es keine Gründe geben, die uns prinzipiell nicht motivieren. Allerdings kann es sehr wohl motivierende Gründe geben, die moralisch nicht gerechtfertigt sind. Moralische Rechtfertigungsgründe beruhen nämlich auf einem speziellen moralischen Sinn (moral sense), aus dessen Perspektive wir unsere Gefühle moralisch billigen oder missbilligen. Zwar möchte Hutcheson nicht die Behauptung verteidigen, dass einige Menschen nicht über einen moralischen Sinn verfügten (was, rein begrifflich betrachtet, nicht auszuschließen ist). Obwohl alle Menschen einen derartigen Sinn haben, lassen sie sich oftmals von Gefühlen leiten, die aus der Perspektive des moralischen Sinnes missbilligenswert sind. Hutcheson vertritt somit eine dualistische Konzeption praktischer Gründe und moralischer Motivation. Wir beurteilen unsere gewöhnlichen Gefühle aus der Perspektive eines moralischen Sinnes extern, ohne das Terrain unserer Sinnlichkeit verlassen zu müssen.

Im Gegensatz zu Hutcheson setzt Hume nicht die Existenz eines speziellen moralischen Sinnes voraus.[243] Fällt der moralische Sinn aber als Rechtfertigungsinstanz aus, dann ergibt auch die Unterscheidung zwischen Beweggründen und Rechtfertigungsgründen keinen rechten Sinn mehr. Wir werden nicht nur durch bestimmte Gefühle oder Wünsche (desires) zu bestimmten Handlungen motiviert, diese Gefühle stellen zugleich die Rechtfertigungsbasis unseres Handelns dar. Hume ersetzt somit Hutchesons dualistische Konzeption moralischer Motive und Gründe durch eine monistische Konzeption, in der die moralische ›Richtigkeit‹ unserer gewöhnlichen Gefühle nicht mehr durch einen ihnen externen Maßstab (den moralischen Sinn) festgestellt und überprüft wird. Vielmehr möchte Hume mit unseren gewöhnlichen Sinnen auskommen, wenn er unsere moralischen Reaktionen vor dem Hintergrund von Kausalbeziehungen zu erklären versucht, die unter gewöhnlichen Umständen bei allen Menschen feststellbar sind. So wie Feuer unter gewöhnlichen

Umständen den Stein erwärmt, billigen wir unter gewöhnlichen Umständen Akte der Großzügigkeit. Als Kausaltheoretiker unserer moralischen Gefühle fragt Hume, wie die Gleichförmigkeit unserer Reaktionen zu erklären ist, und entdeckt mit dem Gefühl der Sympathie die soziale oder intersubjektive Dimension unserer moralischen Urteilspraxis.

Der *zweite* zentrale Streitpunkt innerhalb der neuzeitlichen Moralphilosophie betrifft die Frage nach der Funktion der Vernunft. Rationalistische, oft direkt auf platonisches Gedankengut zurückgreifende Autoren wie Ralph Cudworth, Samuel Clark und John Balguy argumentieren, dass die Vernunft die Grundlage der Moral darstellt. Wir erkennen moralische Pflichten nicht nur durch die Vernunft, die Vernunft motiviert uns auch zu entsprechenden Handlungen. Die motivationale Seite der Vernunft, mit der wir uns bereits im Abschnitt über die Beweggründe beschäftigt haben, wird von diesen Autoren konditional verstanden: Wir handeln moralisch, wenn dies zu unserem Glück führt bzw. wenn wir ansonsten für unsere moralischen Verfehlungen von Gott bestraft werden. Gegen diese (wenn auch bloß ansatzweise) autonomistische Konzeption der Vernunft argumentiert aus unterschiedlichen Gründen die gesamte empiristische Tradition von Hobbes bis Smith.

Hume eröffnet das dritte Buch seines *Traktats* mit einem Abschnitt »Über Tugend und Laster im Allgemeinen«, in dem er zunächst zu zeigen versucht, dass unsere moralischen Unterscheidungen nicht *allein* auf der Vernunft beruhen. Dass es moralische Unterscheidungen gibt, auf die wir uns mit Wörtern wie »gut« und »schlecht« oder »Tugend« und »Laster« beziehen, steht für Hume nicht zur Debatte. Der moralische Nihilismus ist für ihn keine Position, die man ernst nehmen müsste. Ernsthaft erwägenswert ist hingegen die rationalistische Ethik, die Hume denn auch ausführlich kritisiert. Als einzig mögliche Alternative zu ihr präsentiert er die Ethik moralischer Empfindungen oder Gefühle.

Wie lautet Humes Kritik am Rationalismus? Kennzeichnend für einen bestimmten Typus rationalistischer Moralphilosophie ist nach Hume ihr Anspruch, die grundlegenden Begriffe und Prinzipien der Moral wie mathematische Sätze behandeln zu können, d.h. wie Sätze, die einer demonstrativen oder intuitiven Gewissheit zugänglich sind. Ist dieser Anspruch begründet? Hume beantwortet diese Frage im Rahmen einer Funktionsbestimmung der Vernunft. Wie uns bereits vertraut ist, informiert uns die Vernunft entweder über Relationen, die zwischen Ideen bestehen, oder urteilt über Tatsachen. Weil die Rationalisten moralische Urteile wie mathematische Aussagen behandeln, Tatsachen aber niemals notwendig existieren, muss die Unterscheidung zwischen Tugend und Laster auf einer Relation zwischen unseren Ideen beruhen. Keine der vier hierfür in Frage kommenden philosophischen Relationen der Ähnlichkeit, der Gegensätzlichkeit, der Grade der Qualität sowie der Verhältnisse der Menge und der Zahl begründet jedoch die gesuchte Unterscheidung zwischen Tugend und Laster.[244] Und selbst wenn es eine derartige Tugend und Laster unterscheidende Relation gäbe, würde dies dem Rationalisten nichts nützen. Denn Humes entscheidendes Argument gegen den ethischen Rationalismus betrifft das Motivationsproblem, das er bereits in »Über die Affekte« zugunsten der Gefühle löste. Wenn uns die Vernunft nicht motivieren kann, dann muss die Unterscheidung zwischen Tugend und Laster auf moralischen Gefühlen beruhen.

Warum liefert die Vernunft keine Beweggründe? Die Vernunft ist das Vermögen der Wahrheit und informiert uns darüber, was in der Welt der Fall ist und welche Mittel wir ergreifen müssen, um einen bestimmten Zweck zu erreichen. Aber sie ist ganz und gar unfähig, uns praktische Zwecke zu setzen. Weil wir ohne Zwecke nicht handeln können, kann uns die Vernunft allein auch nicht zum Handeln bewegen. »Ein aktives Prinzip kann niemals auf einem inaktiven Prinzip gegründet werden; und wenn die Vernunft an sich selbst inaktiv ist, muss sie dies in allen ihren Schattierungen und Erscheinungen bleiben.«[245] Weil der Rationalist nicht zeigen kann, wie die Vernunft an sich selbst praktisch wird, bricht sein System der Moralphilosophie spätestens an dieser Stelle in sich zusammen. »Keine Handlung kann als unsere Pflicht von uns verlangt werden, wenn in der menschlichen Natur nicht irgendein bewegender Affekt oder ein Motiv eingepflanzt ist, der oder das die Handlung hervorzubringen vermag.«[246]

Mit seiner Kritik am Rationalismus möchte Hume nun allerdings nicht behaupten, dass die Vernunft überhaupt keine Bedeutung für unser Handeln hat. Ganz im Gegenteil. So wie der Mensch ohne Gefühle keine Zwecke hätte, wären seine Zwecke ohne Vernunft völlig beliebig. Finden wir ein wertvolles Geschenk vor unserer Haustür und urteilen, dass dies von unserem Nachbarn stammt, empfinden wir dem Nachbarn gegenüber ein Gefühl der Dankbarkeit. Wir billigen sein Verhalten und fühlen uns vielleicht zu einem Gegengeschenk verpflichtet. Müssen wir jedoch nach einem Gespräch mit ihm feststellen, dass das Geschenk nicht von ihm stammt oder nicht für uns gedacht war, empfinden wir keine Dankbarkeit mehr. Vielleicht sind wir enttäuscht – oder auch nur froh, dem Nachbarn nun nichts mehr schenken zu müssen.

Dieses Beispiel zeigt *erstens*, dass unsere moralischen Urteile der Billigung und Wertschätzung nicht durch die Vernunft, sondern durch das Gefühl getroffen werden. Würde sich bei uns überhaupt kein moralisches Lustgefühl einstellen, dann würden wir gegenüber dem Geschenk und dem Schenkenden völlig indifferent sein.

Das Beispiel zeigt *zweitens*, dass unsere Gefühle insofern von einem Vernunfturteil abhängen, als sie unmittelbare Reaktionen unserer affektiven Natur auf Tatsachen darstellen, die wir durch unsere Vernunft erkennen. Wir sind nach Hume nicht einfach so und ohne Anlass dankbar. Unsere Dankbarkeit, will sie nicht blind und orientierungslos[247] sein, hängt vielmehr von wahrheitsfähigen Urteilen über Dinge und Ereignisse in der Welt ab. Ist unser Urteil falsch, obwohl wir meinen, dass es wahr ist, dann ist unsere Dankbarkeit mittelbar unvernünftig.

Aus dem Beispiel wird *drittens* deutlich, dass die Beziehung zwischen Urteil und Dankbarkeit nicht von *logischer*, sondern von *kausaler* Art ist. Weil wir Menschen die moralische Natur haben, die wir haben, empfinden wir Dankbarkeit gegenüber der Person, die uns beschenkt hat. Aber die Dankbarkeit steckt nicht in den Dingen, die dieses Gefühl in uns verursachen; die Dankbarkeit ist vielmehr eine Angelegenheit allein unserer empfindenden Natur.

Sein und Sollen

Im Rahmen seiner Auseinandersetzung mit der Vernunftethik teilt Hume seinen Lesern eine »Beobachtung« mit, über die er mit einem ironischen Unterton schreibt, dass man ihr »vielleicht einige Wichtigkeit beimessen wird« [248]. Diese »Beobachtung«, die bis auf den heutigen Tag zahlreiche exegetische und systematische Beiträge veranlasst hat, betrifft – je nach Sprachgebrauch und Theoriekontext – das Verhältnis von Sein und Sollen, von deskriptiven und bewertenden (evaluativen) Sätzen, von Tatsachen und Werten. Können Sollenssätze aus Seinssätzen abgleitet bzw. deduziert werden? Hume scheint diese Frage nicht nur zu verneinen; er scheint auch die Ansicht zu vertreten, dass alle bisherigen Philosophen die gegenteilige Ansicht vertreten haben:

»In jedem Moralsystem, das mir bisher vorkam, habe ich immer bemerkt, dass der Verfasser eine Zeit lang in der gewöhnlichen Betrachtungsweise vorgeht, das Dasein Gottes feststellt oder Beobachtungen über menschliche Angelegenheiten anstellt. Plötzlich stelle ich überrascht fest, dass mir anstatt der üblichen Verbindungen von Aussagen mit ›*ist*‹ und ›*ist nicht*‹ keine Aussage mehr begegnet, in der sich nicht ein ›*sollte*‹ oder ›*sollte nicht*‹ fände. Dieser Wechsel vollzieht sich unmerklich, aber er ist von der größten Konsequenz. Denn weil dieses *sollte* oder *sollte nicht* eine neue Beziehung oder Behauptung ausdrückt, ist es notwendig, dass sie beachtet und erklärt wird. Gleichzeitig muss ein Grund angegeben werden für etwas, das sonst ganz unbegreiflich scheint, nämlich dafür, wie diese neue Beziehung abgeleitet [deduce] werden kann von anderen, die ganz verschieden von ihr sind. Da die Autoren diese Vorsicht meistens nicht gebrauchen, so erlaube ich mir, sie meinen Lesern zu empfehlen; ich bin überzeugt, dass dieser kleine Akt der Aufmerksamkeit alle gewöhnlichen Moralsysteme untergräbt und zeigen würde, dass die Unterscheidung von Laster und Tugend nicht allein auf den Beziehungen zwischen Gegenständen beruht und nicht durch die Vernunft erkannt wird.«[249]

In der ersten Hälfte des 20. Jahrhunderts haben ethische Emotivisten wie A.J. Ayer oder Charles L. Stevenson Humes »Beobachtung« mit Begeisterung zur Kenntnis genommen. Ihrer Ansicht nach drücken ethische Sätze Gefühle aus oder geben Ratschläge, sind aber unter keinen Umständen wahrheitsfähig, weil es *logisch* unmöglich ist, Werte aus Tatsachen abzuleiten. Ein Sollen kann nicht aus einem Sein abgeleitet werden, weil die Konklusion eines Schlusses nicht mehr als die Prämissen enthalten kann. Ist das »Sollen« in keiner Prämisse enthalten, kann es also auch nicht in der Konklusion enthalten sein.

Formallogisch betrachtet, haben die Emotivisten sicherlich Recht. Aber es stellt sich die Frage, ob Hume selbst das »Humesche Gesetz«[250], wie die These von der Unmöglichkeit der Ableitung eines Sollens aus einem Sein heute oft genannt wird, vertreten hat. Zweifel äußert beispielsweise Alasdair MacIntyre.[251] Seiner Einschätzung nach fungieren bei Hume bestimmte Gefühle als Grundlage unserer moralischen Wertschätzung: Wir *sollen* tugendhaft sein – und wir *sollen nicht* lasterhaft sein. Nicht zufällig fänden sich in Humes moralphilosophischen Schriften deshalb Formulierungen, die ein »sollen« und »nicht sollen« enthalten. Nach MacIntyre wollte Hume in keinem Fall die Unmöglichkeit der Ableitung eines Sollens aus einem Sein behaupten, sondern nur auf die Schwierigkeit eines derartigen Unterfangens aufmerksam machen. Hume selbst habe als Erster diese Schwierigkeit gemeistert, weil er mit unseren Gefühlen auf besondere Tatsachen aufmerksam macht, die den infrage stehenden Übergang möglich machen.

Was ist von diesen beiden Interpretationen zu halten? Wirft Hume den bisherigen Moralphilosophen vor, einen *logischen* Fehler begangen zu haben? Oder wirft er ihnen vor, eine im Prinzip mögliche Ableitung eines Sollens aus einem Sein dadurch verfehlt zu haben, dass sie von den falschen Tatsachen ausgegangen sind, nämlich von Gott und den menschlichen Angelegenheiten?

Die von Hume gesuchte Beziehung zwischen Sein und Sollen muss erklären, warum ich etwas tun oder unterlassen *soll.* Hume thematisiert also die Motivationsfrage, und seine Überlegung lautet: Wenn die Vernunft mich auffordert, etwas zu tun oder zu unterlassen, müsste sie auch aktiv sein. Weil sie aber nicht aktiv sein kann, vermag sie mich auch nicht zum Handeln zu bewegen. Als Philosoph der menschlichen Natur stellt Hume mehr oder weniger allgemein geltende Kausalbeziehungen zwischen ›äußeren‹ Tatsachen und Gefühlen fest, aber er kann durch die Vernunft allein nicht erklären, warum wir mit Dankbarkeit auf ein Geschenk reagieren *sollen.* Es gibt keinen *logischen* Grund dafür, warum bestimmte ›äußere‹ Tatsachen bestimmte Gefühle verursachen, die uns ihrerseits zu bestimmten Handlungen motivieren. Ob und welche Gefühle die ›äußeren‹ Tatsachen in uns hervorrufen, ist wiederum eine Tatsachenfrage.

Humes »Beobachtung« ist also nicht im Sinne der Emotivisten zu verstehen. Ihm geht es nicht darum, auf einen *logischen* Fehler im Argumentationsgang der Rationalisten hinzuweisen. Seine Kritik richtet sich vielmehr gegen ihren *verfehlten* Vernunftbegriff. Die Rationalisten scheitern, weil sie der Vernunft zumuten, uns zu motivieren. Dennoch behauptet Hume nicht, wie MacIntyre meint, auf der Grundlage der von ihm entdeckten Prinzipien der menschlichen Natur ein Sollen aus einem Sein ableiten (deduce) zu können. Humes Ansicht nach handelt es sich um eine Kluft, die unter keinen Umständen *logisch*, d.h. mit den Mitteln der Vernunft, überbrückt werden kann. Der Boden der Vernunft trägt das Handeln nicht. Die Vernunft beschreibt Tatsachen, vermag aus diesen aber keine praktischen Folgerungen zu ziehen. Vielmehr gibt Hume eine *kausale* Interpretation des Verhältnisses von Vernunft und Gefühlen. Bestimmte Tatsachenurteile rufen in der Regel bestimmte moralische Empfindungen (sentiments) oder Gefühle (feelings) in uns hervor, aufgrund deren wir Tugend und Laster unterscheiden können. Das Sollen steckt somit nicht in der Kausalrelation, sondern allein in der Wirkung, die ein Vernunfturteil in uns hervorruft. Unser Gefühl der Dankbarkeit ist zwar durch eine bestimmte Tatsache hervorgerufen worden, aber es ist mit dieser Tatsache natürlich nicht identisch. Weil wie alle Eindrücke auch das in mir bewirkte Gefühl der Dankbarkeit eine »ursprüngliche Existenz« ist, gibt es überhaupt keine Kluft, die darauf wartet, überbrückt zu werden. Mein Gefühl steht in keiner ›inneren‹ Relation zu bestimmten anderen Tatsachen, die wir durch unsere Vernunft erkennen können, sondern ist selbst eine Tatsache. Haben wir ein Gefühl der Dankbarkeit, haben wir alles, was wir zum Bewerten und

Handeln benötigen. Wir fühlen, dass andere Personen unter gleichen Umständen ebenfalls dankbar sein sollten. »Wir schließen nicht auf einen tugendhaften Charakter, weil er uns angenehm ist. Sondern indem wir fühlen, dass er auf eine besondere Weise angenehm ist, fühlen wir, dass er tugendhaft ist. Dies gilt für unsere Urteile über alle Arten von Schönheit und Geschmack und Empfindung. Unsere Billigung ist in dem unmittelbaren Vergnügen, das sie gewähren, enthalten.«[252]

Beurteilen wir eine Handlung als grausam, dann drücken wir ihr gegenüber nicht nur ein Gefühl der Missbilligung aus, wie die Emotivisten meinen; wir sind vielmehr davon überzeugt, dass die Handlung *wirklich* grausam ist. Wir nennen die Handlung grausam, nicht bloß das Gefühl, das durch sie in uns hervorgerufen wird. Die Moral »ist etwas Reales, Wesentliches und in der Natur begründet«[253]. Diese *realistische* Auffassung der Moral unterscheidet Hume von den Emotivisten.

Bestätigt wird diese Lesart der humeschen »Beobachtung« durch einen Blick auf die Schriften von Samuel Clarke, den Hume neben William Wollaston im *Abstract* als Ziel seiner Kritik nennt. Nach Clarke sind die in der Welt vorhandenen Dinge nach einem notwendigen und immerwährenden Prinzip geordnet. Aufgrund unserer Erkenntnis dieser relationalen Ordnung der Welt erkennen wir zugleich, wie die Dinge sich zueinander verhalten *sollten*. Die Erkenntnis der relationalen Ordnung führt uns also zur Erkenntnis des (moralischen) Naturgesetzes und diese schließlich zur Erkenntnis der moralischen Eigenschaften Gottes. Denn als vollkommenes rationales Wesen musste Gott bei der Erschaffung der Welt notwendigerweise dem Naturgesetz folgen. Wäre der Mensch ein reines Vernunftwesen, würde die ewige und unveränderliche »Tauglichkeit und Untauglichkeit«[254] der Dinge auch seinen Willen leiten. Weil sein Wille jedoch durch Gefühle korrumpiert werden kann, *soll* der Mensch vernünftig sein. Der Mensch muss sich entscheiden, ob er vernünftig handeln möchte oder ob er sich durch seine Affekte leiten lassen will. Aber er *sollte* in jedem Fall seine Pflicht erfüllen, weil es vernünftig ist.[255] Verstößt der Mensch nämlich gegen seine Vernunfteinsicht, dann versucht er, »die Dinge so zu machen, wie sie nicht sind und wie sie nicht sein können. Das ist die größte Unverschämtheit, die größte Frechheit und die größte Absurdität, die man sich vorstellen kann«[256].

Worin besteht aus der Sicht Humes der Fehler in Clarkes Argumentation? Der Fehler von Clarke besteht darin, die Vernunft als alleinigen Grund unserer Verbindlichkeiten angesehen zu haben. Denn selbst wenn die Vernunft eine ewige »Tauglichkeit und Untauglichkeit« in den Beziehungen der Dinge zueinander entdeckte, würde sie uns aufgrund ihrer Passivität doch niemals *allein* dazu bewegen, eher das eine oder das andere zu tun. Einen Fehlschluss im Sinne der Standardinterpretation begeht Clarke dagegen nicht. Schließlich ist er sich im Klaren darüber, dass das Naturgesetz einen normativen Sinn haben muss, wenn man aus ihm normative Folgerungen ableiten möchte.

Aufschlussreich sind auch die zeitgenössischen Reaktionen auf Humes »Beobachtung«. So hebt Henry Home in seinen *Versuchen über die Prinzipien der Moral und der natürlichen Religion* hervor, dass die Begriffe der Pflicht und der Verpflichtung trotz ihrer Wichtigkeit noch von keinem Autor erklärt worden sind. Seiner Ansicht nach beruht das moralische Sollen auf einer unmittelbaren Wahrnehmung unseres Moralsinnes. Durch diesen Sinn fühlen wir, ob eine Handlung ›passend‹ und ›richtig‹ oder ›unpassend‹ und ›falsch‹ ist. Entsprechend dieser Wahrnehmung stellt sich die Stimme unseres Gewissens ein. Dieser Stimme können wir vertrauen, weil Gott eine Harmonie zwischen den Dingen, so wie wir sie durch unseren Moralsinn als richtig wahrnehmen, und unserem Gewissen eingerichtet hat. Wir sollen tun, was richtig ist, und wir sollen unterlassen, was falsch ist. Nach Home erfasst sein Freund David den Sinn des moralischen Sollens nicht, weil dieser den moralischen Sinn als bloßes Mitgefühl (sympathy) zwischen Personen auffasst und damit den teleologischen Kontext übersieht, in den der Moralsinn durch Gott gestellt worden ist. Ohne diesen Kontext ergeben die Wörter »Pflicht« und »sollen« aber keinen Sinn.

Diese Auffassung vertritt auch Reid. Im Unterschied zu Home meint Reid jedoch, dass Hume im *Traktat* gerade für einen gänzlichen Verzicht des Sollens plädiert. Für Reid, der Humes »Beobachtung« als Erster im vollen Wortlaut zitiert[257], ist das Plädoyer seines schottischen Landsmanns nur konsequent. Denn als Gefühlsethiker konnte Hume nicht erkennen, dass die moralische Verbindlichkeit eine selbstevidente Beziehung bezeichnet: »Die ersten Prinzipien der Moral sind keine Deduktionen. Sie sind selbstevident, und ihre Wahrheit, wie die anderer Axiome, wird ohne *Schlussfolgerungen* [*reasonings*] oder *Deduktionen* wahrgenommen. Und moralische Wahrheiten, die nicht selbstevident sind, werden nicht aus Relationen deduziert, die durchaus verschieden von ihnen sind, sondern aus den ersten Prinzipien der Moral.«[258]

Haben Home und Reid recht, dass Hume den Begriff der Verbindlichkeit nicht erklären kann? Die Beantwortung dieser Frage hängt naturgemäß davon ab, was wir unter dem Begriff der Verbindlichkeit verstehen. Verstehen wir diesen Begriff im Sinne von Clarke, Home und Reid, dann gibt es bei Hume in der Tat kein Sollen. Denn im Gegensatz zu diesen drei Autoren ist Hume der Überzeugung, dass es aufgrund der Passivität der Vernunft überhaupt keinen Konflikt zwischen unserer sinnlichen und unserer vernünftigen Natur geben kann. Aber seine Kritik am Konfliktmodell des Sollens besagt nicht, dass das »Sollen« in Humes Moralphilosophie keinen Sinn ergibt. Seiner Einschätzung nach bezeichnet das Sollen nämlich einen Akt der Missbilligung von eigenen oder fremden Charaktereigenschaften und Handlungen aufgrund der allgemeinen Prinzipien der menschlichen Natur. Wer also angesichts des »gewöhnlichen und natürlichen Verlaufs unserer Affekte«[259] missbilligt, was billigenswert ist, oder billigt, was missbilligenswert ist, der *sollte* sein Urteil revidieren. Mit der Verwendung des Wortes ›sollen‹ fordern wir eine Person auf, eine Handlung vom moralischen Standpunkt aus zu beurteilen. Diesen Standpunkt nehmen wir ein, wenn wir bei der Beurteilung von Charakteren und Handlungen von unseren besonderen Interessen abstrahieren. Die Frage allerdings, warum wir den moralischen Standpunkt seinerseits einnehmen sollen, ergibt für Hume keinen Sinn. Für uns Menschen ist es nur natürlich, ihn einzunehmen und von ihm aus uns selbst und andere moralisch zu beurteilen.

Zu den Kritikern der humeschen Konzeption menschlichen Wollens und Handelns gehört auch Kant. Während nach Kant die Vernunft in ihrem theoretischen Gebrauch in der Tat niemals ein Sollen hervorbringen kann[260], stellt sie in ihrem reinen praktischen Gebrauch zugleich Maßstab und Motiv unseres Wollens und Handelns dar. Dabei versucht Kant, mit seiner Konzeption der reinen-praktischen und der empirisch-praktischen Vernunft einen Begriff des Sollens zu revitalisieren, der wie bei Clarke von der Spannung zwischen Vernunft und Neigung lebt.[261] Für Kant jedenfalls steht außer Frage, dass die reine Vernunft selbst praktisch ist und ein Gefühl der Achtung für das unbedingt gebietende Moralgesetz in uns hervorruft.

Der moralische Standpunkt und die Realität unserer Gefühle

Tugend und Laster werden nicht durch die Vernunft erkannt, sondern beruhen auf bestimmten »Eindrücken oder Gefühlen«[262]. Doch wer oder was ruft diese »moralischen Gefühle« (sentiments of morals)[263] in uns hervor? Wer oder was ist der Gegenstand unserer moralischen Billigung und Missbilligung? Wie können wir die Gleichförmigkeit unserer moralischen Bewertungen erklären, die wir unterstellen, sobald wir eine Eigenschaft loben, eine andere dagegen tadeln?

Die Realität unserer moralischen Gefühle steht für Hume außer Frage. Tugend und Laster beruhen nicht auf Erfindungen, sondern sind in der menschlichen Natur selbst verankert. Jeder Mensch versteht, dass Wörter wie tugendhaft, großherzig, wohlwollend und dankbar billigenswerte Eigenschafen von Personen ausdrücken, während das Gegenteil der Fall ist bei Wörtern wie lasterhaft, engstirnig, egozentrisch und undankbar.[264] Wer ein moralisches Wort verwendet, bringt seine Gefühle zum Ausdruck. Doch welchen Realitätsgehalt haben diese Gefühle?

In den »Elementen« seiner Philosophie der menschlichen Natur hatte Hume darauf hingewiesen, dass Eindrücke keinen repräsentationalen Gehalt[265] haben. Empfinde ich ein Gefühl der Freude bei der Betrachtung einer Handlung, dann steckt der Wert, den die Handlung für mich hat, einzig und allein in meiner Freude, nicht aber in der Handlung. Die Handlung verursacht zwar die Freude, aber sie ist an sich selbst betrachtet weder angenehm noch unangenehm. Angenehm oder unangenehm ist die Handlung allein deshalb, weil ich sie als angenehm oder unangenehm empfinde. Weil zwischen meiner Wahrnehmung der Handlung und meinem Gefühl des Angenehmen eine Kausalbeziehung besteht, liegt es jedoch nicht in meiner Macht, welches Gefühl ich bei der Wahrnehmung der Handlung empfinde. Weil die menschliche Natur universellen und unveränderlichen Prinzipien gehorcht, gibt es auch konstante Kausalrelationen zwischen den Dingen und den emotiven Reaktionen, die sie in mir verursachen. Obwohl mein Gefühl also den Wert der Handlung allererst »konstituiert«[266] bzw. ich aufgrund meines Gefühls einer Person eine bestimmte moralische Qualität »zuschreibe« (ascribe)[267], erwarte ich, dass mir alle anderen Menschen in meinem Urteil zustimmen. Diese Erwartung ist angesichts der Einheit der menschlichen Natur und der Gleichförmigkeit ihrer Prinzipien nach Hume nur zu berechtigt.

Der Mechanismus, der nach Hume meiner moralischen Billigung und Missbilligung zugrunde liegt, ist einigermaßen komplex. Zunächst interpretiere ich die sprachlichen und nicht-sprachlichen Äußerungen einer Person als Wirkungen von Affekten (charakterlichen Eigenschaften), die sie kausal verursacht haben. Obwohl ich diese Ursachen nicht direkt und unmittelbar erkennen kann, ist der kausal erschlossene Affekt der anderen Person die eigentliche Ursache meines moralischen Gefühls der Billigung oder Abneigung. Meine Sympathie mit der anderen Person ist also ganz und gar von meinen Urteilen über die Affekte abhängig, die ich der Person aufgrund der sorgfältigen Beobachtung der Umstände zuschreibe, unter denen sie handelt. »Kein Affekt eines anderen kommt unmittelbar zu Bewusstsein. Wir bemerken nur seine Ursachen oder Wirkungen. Aus *diesen* schließen wir auf den Affekt, und folglich sind es *diese*, die unsere Sympathie hervorbringen.«[268]

Gegenstand unserer Sympathie ist demnach nicht der Affekt als solcher, sondern der kausale Kontext, in dem er steht. Der Affekt hat eine Ursache und eine Wirkung. Wer die Wirkung eines Affektes empfindend beurteilen möchte, benötigt ein Kriterium, auf dessen Grundlage dies geschehen kann. Dieses Kriterium erschließt sich uns nach Hume, sobald wir bemerken, dass wir nur solche Affekte billigen, deren Wirkungen unsere Sympathie und Sorge gilt. Die Wirkung darf uns nicht gleichgültig sein, wenn sie Gegenstand unserer Billigung und Missbilligung sein soll. Welcher Zweck könnte dies sein? Es ist meine Sorge um das Wohl der Gesellschaft (concern for society)[269]. Wir loben Eigenschaften und Charaktere, die die Tendenz haben, das Interesse der Gesellschaft (interest of society) zu befördern. Ohne unsere Sympathie mit diesem Interesse wäre völlig unverständlich, warum wir spezielle moralische Empfindungen haben. Es ist das Prinzip der Sympathie, »das uns so weit aus uns selbst herausnimmt, dass wir dasselbe Gefühl des Vergnügens oder des Unbehagens einem Charakter gegenüber empfinden, der für eine Gesellschaft nützlich oder schädlich ist, als ob er diese Tendenz auf unseren eigenen Vorteil oder Schaden hätte«[270].

Die Sympathie mit dem Wohl und Wehe der Gesellschaft hat einen universellen Zug. Wohltätigkeit und Großmut, Milde und Mäßigung sind soziale Tugenden, die wir bei allen Menschen zu allen Zeiten in allen Gesellschaften billigen. Aus diesem Grunde spricht Hume auch von dem »Wohl der Menschheit« (the good of mankind) und von »natürlicher Humanität« (natural humanity)[271].

Trotz oder vielleicht gerade wegen seines impliziten Universalismus bedarf das Prinzip der Sympathie eines Korrektivs. Wie jedes andere Gefühl auch, kennt unsere Sympathie nämlich Grade. Die Tugend einer Person, die vor mehr als zweitausend Jahren in Griechenland gelebt hat, ruft in uns nach Hume ein schwächeres Gefühl des Wohlgefallens hervor als jene eines Menschen aus der unmittelbaren Nachbarschaft. Weil jeder Mensch einen besonderen Standpunkt einnimmt, der seinerseits beständig wechselt, würden wir uns in unseren Urteilen beständig widersprechen, wäre es nicht möglich, einen gemeinsamen Standpunkt zu finden. Tatsächlich belegt die Einheitlichkeit und Gleichförmigkeit unserer moralischen Urteilspraxis, dass es einen derartigen Standpunkt geben muss:

»Im Allgemeinen sind alle Empfindungen des Tadels oder des Lobes entsprechend unserer Nähe oder Ferne zu der Person, die wir tadeln oder loben, und gemäß der gegenwärtigen Disposition unseres Geistes veränderlich. Aber diese Veränderungen berücksichtigen wir nicht in unseren allgemeinen Beurteilungen [decisions], sondern wenden die Begriffe, mit denen wir unser Gefallen oder Missfallen ausdrücken, so an, als ob wir in einem Standpunkt der Betrachtung verblieben. Die Erfahrung lehrt uns schon bald diese Methode der Korrektur unserer Empfindungen oder wenigstens unserer Sprache, sollten unsere Empfindungen allzu widerspenstig und unveränderlich sein.«[272]

Die Analyse unserer Praxis moralischer Bewertungen zeigt uns nach Hume, dass wir auf der Grundlage unserer Sorge um das Wohl der Menschheit und über den Weg des Austauschs von Gefühlen einen Standpunkt einzunehmen in der Lage sind, der als Kriterium der Angemessenheit unseres moralischen Empfindens fungiert. Dies ist der Standpunkt eines »verständigen Zuschauers« (judicious spectator)[273]. Nehmen wir den Standpunkt eines solchen Zuschauers ein, dann beurteilen wir eine Person wie ein gut informierter und unparteiischer Richter. Von diesem Standpunkt aus werden die ›richtigen‹ moralischen Empfindungen in uns hervorgerufen. »Allein wenn ein Charakter im Allgemeinen betrachtet wird, ohne Bezug auf unser partikulares Interesse, verursacht dies ein solches Gefühl oder eine solche Empfindung, aufgrund deren er als moralisch gut oder schlecht bezeichnet wird.«[274] Voreingenommenheit und Parteilichkeit, Unaufmerksamkeit und mangelndes Mitgefühl gehören somit zu den Eigenschaften einer Person, die wir nach Hume missbilligen, wo immer wir sie antreffen. Sie stören den Gleichklang unserer Gefühle. Wer eine Person mit den Prädikaten *»bösartig, verwerflich oder verderbt«* beschreibt,

»drückt Empfindungen aus, von denen er erwartet, daß alle seine Zuhörer sie mit ihm teilen. Er muß darum in diesem Falle von seiner privaten und besonderen Situation absehen und einen Standpunkt einnehmen, den er mit anderen teilt. Er muß ein universales Prinzip der menschlichen Natur ansprechen und eine Saite berühren, die in allen Menschen gleichgestimmt und harmonisch ist. Wenn er darum sagen will, daß dieser Mann Eigenschaften besitzt, deren Tendenz der Gesellschaft gefährlich ist, dann hat er einen allgemeinen Standpunkt gewählt und ein Prinzip der Humanität angerührt, mit dem jeder zu einem gewissen Grade übereinstimmt.«[275]

Ein Vergleich mit einem naturwissenschaftlichen Experiment mag Aufschluss über Humes Konzeption eines allgemeinen Standpunktes geben: Führen wir im Sinne Newtons ein Experiment durch, dann wollen wir Erkenntnisse über die Beschaffenheit der Natur gewinnen. Ob ein Stoff brennbar ist oder nicht, können wir in Erfahrung bringen, indem wir ihn beispielsweise durch Feuer erhitzen. Nicht jeder Versuch ist jedoch geeignet, eine Antwort auf unsere Fragestellung zu geben. Tauchen wir den Stoff in Wasser oder werfen wir ihn einfach durch die Luft, werden wir niemals erfahren, ob er brennbar ist. Versuche dieser Art sind unserer Fragestellung nicht angemessen. Ähnlich verhält es sich bei der Erforschung unserer moralischen Urteilspraxis. Wenn wir erfahren wollen, ob wir einem Gönner gegenüber dankbar sein sollten oder nicht, dann müssen wir die Situation aus der Perspektive eines unparteiischen Zuschauers bzw. eines allgemeinen Standpunktes zu beurteilen versuchen. Wir abstrahieren dabei von allen besonderen Interessen und Wünschen, die wir angesichts des zu beurteilenden Falles haben könnten, und beziehen uns auf einen Zweck, der von allen Personen aufgrund der allgemeinen Prinzipien unserer Natur gebilligt wird. Erst dann stellt sich in uns ein Gefühl ein, das der Sache völlig angemessen ist. Aus der Perspektive dieses Zuschauers erscheint meine Undankbarkeit gegenüber einem Gönner als unangemessen. Der Zuschauer urteilt, dass ich angesichts der allgemeinen Prinzipien der menschlichen Natur meinem Gönner gegenüber dankbar sein *sollte*, obwohl ich ihm faktisch nicht dankbar bin.

Obwohl der Standpunkt des Zuschauers einen universellen Maßstab der Angemessenheit unserer moralischen Gefühle bezeichnet, erzwingt er nicht unter allen Umständen dieselben inhaltlichen Moralvorstellungen. Je nach den Umständen und Zeiten, in denen Menschen leben, führen die allgemeinen Prinzipien der menschlichen Natur zu unterschiedlichen Charakteren, Bewertungsmaßstäben und Handlungen. Wurde der erotische Umgang mit Knaben in der griechischen Antike geschätzt, ruft er im Zeitalter der Aufklärung Abscheu hervor. Wenn Platons Knaben-Verehrung genauso angemessen ist wie ihre Kritik, scheint dies den humeschen Universalismus zu untergraben und der moralischen Beliebigkeit Tür und Tor zu öffnen. Doch diese Vermutung ist für Hume abwegig. Seine ethische Position kann vielleicht am besten als ein anthropologischer Universalismus beschrieben werden. So wie das Gravitationsgesetz immer und überall gilt, beruhen unsere moralischen Gefühle auf denselben allgemeinen Prinzipien unserer Natur. Wir billigen Handlungen, die die Tendenz haben, der Gesellschaft zu nützen, und missbilligen Handlungen, die ihr schaden. Doch unser Urteil über den Nutzen ändert sich mit den Bedingungen, unter denen wir diese Regeln und Prinzipien anwenden. Was heute nützlich ist, kann in vielen Fällen schon morgen sehr schädlich sein. Die Prinzipien, »auf deren Grundlage die Menschen über die Moral nachdenken«, sind immer dieselben, »obwohl sie sehr verschiedene Schlußfolgerungen ziehen. [...] Obwohl viele Jahre seit dem Fall von Griechenland und Rom vergangen sind und viele Veränderungen in Religion, Sprache, Gesetzen und Sitten eingetreten sind, hat dennoch keine dieser Revolutionen jemals eine bedeutende

Veränderung in den grundlegenden Empfindungen der Moral hervorgebracht.«[276]

Obwohl also die Ursachen unserer moralischen Gefühle einem beständigen Wandel unterworfen sind, geben wir den Standpunkt der Unparteilichkeit nicht auf. Ganz im Gegenteil erklärt dieser Standpunkt, unter welchen Bedingungen konträre moralische Empfindungen möglich sind. Platon war nicht nur fest von der Unschuld seiner Knabenliebe überzeugt, er war in seinem Urteil auch insofern gerechtfertigt, als er aufgrund der speziellen Umstände, unter denen er handelte, keine andere Wahl hatte. So wie der Rhein mit Notwendigkeit zur Nordsee fließt, war für den Griechen der klassischen Zeit Knabenliebe eine lobenswerte Einstellung.

Als Philosoph der menschlichen Natur formuliert Hume universell geltende Prinzipien unserer moralischen Wertschätzung, die paradoxerweise in der Anwendung zu unterschiedlichen Ergebnissen führen können, ohne dadurch beliebig zu werden. Dennoch glaubt Hume, dass es Grenzen der historischen Relativität unserer emotionalen Reaktionen und Äußerungen gibt. Manche von ihnen können kritisiert werden, weil sie auf falschen Annahmen über das Bestehen von Tatsachen beruhen, andere, weil sie sich durch bestimmte ›Perversionen‹ der menschlichen Natur erklären. Nicht zuletzt führen barbarische Sitten und Gebräuche zu einer abgestumpften moralischen Wahrnehmung. Wer Auskunft über Gefühle wie Wohlwollen und Liebe erhalten möchte, wird jedenfalls in keinem Falle seine Neugier befriedigen können, wenn er – wie Hobbes – den Menschen einzig und allein unter den Ausnahmebedingungen des Bürgerkriegs studiert. Wir sind zwar gelegentlich bereit, aus »Interesse, Vergeltung oder Neid« dem Laster den Vorzug zu geben; aber eine »absolute, willkürliche oder uneigennützige Bösartigkeit hat vielleicht nie einen Platz in der menschlichen Brust«[277]. Die moralischen Empfindungen sind nach Hume so sehr Teil unserer Konstitution, dass sie nur durch Krankheit und Verrücktheit ausgelöscht werden können.[278]

Betrachten wir Humes Unterscheidung zwischen Tugend und Laster aus der Vogelperspektive, zeigt sich ihr zugleich *subjektivistischer*, *realistischer*, *naturalistischer* und *universalistischer* Charakter. Sie ist *subjektivistisch*, weil sie auf besonderen Empfindungen beruht; sie ist *realistisch*, weil wir den subjektiven Charakter unserer moralischen Urteile vergessen, sobald wir sie äußern; sie ist *naturalistisch*, weil diese Empfindungen auf unserer Natur beruhen, und sie ist *universalistisch*, weil alle Menschen den Standpunkt der Unparteilichkeit einnehmen, wenn sie sich und andere moralisch beurteilen. Aber sie hat auch einen *fallibilistischen* Charakter, weil unsere moralischen Empfindungen angesichts bestimmter Erfahrungen korrigiert werden können. Wir werden in unseren Empfindungen nicht zuletzt durch die Geschichte belehrt. So hat die Geschichte beispielsweise gezeigt, dass die in der Antike gelobte Praxis des Tyrannenmords »die Eifersucht und Grausamkeit der Prinzen vergrößert«[279]. Aus diesem Grunde wird der Tyrannenmord heute auch nicht mehr zur Nachahmung empfohlen.

Wohlwollen und Gerechtigkeit

Der öffentliche Nutzen und die sozialen Tugenden stehen im Zentrum von Humes Philosophie der moralischen Empfindungen. Im Einklang mit der experimentellen Methode gibt er keine Ratschläge, welche Eigenschaften von uns gebilligt und gelobt werden *sollen*, sondern stellt nüchtern fest, welche Eigenschaften des menschlichen Geistes faktisch »Liebe und Stolz« bzw. »Hass und Demut«[280] in uns hervorrufen. Was der Zuschauer aufgrund seiner affektiven Reaktion auf die Wahrnehmung bestimmter Eigenschaften faktisch billigt, ist tugendhaft, was er missbilligt, ist lasterhaft.

In seiner zweiten *Untersuchung* nimmt Hume noch einmal die Thematik von Buch III des *Traktats* auf und unterscheidet zwischen Eigenschaften, die entweder der Person selbst oder einer anderen Person unmittelbar nützlich oder angenehm sind. Wie im *Traktat* lautet seine These, dass unser größtes Lob denjenigen Eigenschaften gilt, die anderen unmittelbar nützlich sind.[281] Diese Eigenschaften begründen die sozialen Tugenden des Wohlwollens und der Gerechtigkeit.

Das tätige Wohlwollen (benevolence) ist eine *natürliche* soziale Tugend. Wir schätzen eine Person, die gesellig, gutmütig, barmherzig und freundlich ist. Wir loben sie umso mehr, wenn diese Eigenschaften mit guter Herkunft, Macht und hervorragenden Fähigkeiten verbunden sind.[282] Schließlich befördert eine Person mit diesen Eigenschaften die Interessen der Menschheit sowie das Glück der Gesellschaft.

Nach Hume verdient das tätige Wohlwollen einer Person zwar Lob und Anerkennung, ist aber weniger bedeutend als die *künstliche* Tugend der Gerechtigkeit. Wir loben diese Tugend, obwohl einzelne Akte der Gerechtigkeit auch schädlich sein können. Denn ohne die Institution der Gerechtigkeit kann keine Gesellschaft bestehen. Hume konzipiert die Tugend der Gerechtigkeit zum einen als eine Theorie des Erwerbs, der Verteilung und des Besitzes von Eigentum und zum anderen als Ergänzung zur natürlichen Tugend des Wohlwollens. Sie beruht auf speziellen inneren Voraussetzungen der menschlichen Natur und auf bestimmten äußeren Bedingungen, unter denen der Mensch lebt.

Wenden wir uns als Erstes den inneren Voraussetzungen zu. Zunächst hebt Hume die Begrenztheit unseres Wohlwollens hervor. In Übereinstimmung mit Hutcheson und gegen Hobbes und Mandeville vertritt Hume zwar die Ansicht, dass der Mensch nicht so egoistisch ist, als dass er nicht zu selbstlosen Handlungen fähig wäre. Doch im Gegensatz zu Hutcheson meint Hume auch, dass unser Wohlwollen begrenzt ist. Vergleichbar mit der Anziehungskraft von Körpern, nimmt das Wohlwollen mit der Entfernung ab, in der eine Person zu einer anderen steht. Eine Gesellschaft könnte daher nicht bestehen, wenn es neben dem Wohlwollen nicht noch eine zweite soziale Tugend gäbe, die sicherstellt, dass wir auch dann den Nutzen der Gesellschaft im Auge behalten, wenn unser Wohlwollen nicht mehr greift.

Sodann setzt Gerechtigkeit eine (relativ stark ausgeprägte) natürliche Gleichheit der Menschen an Körper und Geist voraus. Gäbe es in dieser Hinsicht extreme Differenzen zwischen uns, könnte die Gerechtigkeit ihre Funktion, der Gemeinschaft zu nutzen, nicht erfüllen. Die Gerechtigkeit betrifft somit nicht unser Verhältnis zu Tieren.[283] Wir unterscheiden uns zu sehr von ihnen, als dass wir ihnen gegenüber in irgendeiner Hinsicht verpflichtet sein könnten. Hume wendet sich in diesem Zusammenhang gegen die Auffassung, nach der die »große Überlegenheit der zivilisierten Europäer über die barbarischen Indianer«[284] alle Schranken der Gerechtigkeit und der Menschlichkeit gegenüber den Indianern aufhebt. Diese Ansichten hindern ihn allerdings nicht daran, in einer berühmt-berüchtigten Anmerkung zu seinem Essay »Über Nationalcharaktere« die Vermutung zu äußern (I am apt to suspect), dass die weiße von Natur aus allen anderen Rassen überlegen ist.[285]

Schließlich wären die Regeln der Gerechtigkeit sinnlos, wenn »jedes Individuum selbst alle Fähigkeiten besäße, die für sein Überleben und die Fortpflanzung seiner Art notwendig sind«[286]. Doch der Mensch ist nach Hume ein durch und durch soziales Wesen, das auf Rücksicht und Unterstützung ebenso angewiesen ist wie auf sozialen Umgang.

Selbst wenn die inneren Voraussetzungen für sie erfüllt sind, ergäbe die Tugend der Gerechtigkeit unter bestimmten äußeren Bedingungen keinen Sinn. Zur Erläuterung dieser Bedingungen führt Hume ein dreiteiliges Gedankenexperiment durch. Dieses Experiment soll zeigen, dass die Gerechtigkeit eine *künstliche* Tugend ist, d.h. auf Vereinbarung und Übereinkunft beruht. Menschen haben sie erfunden, um bestimmte Anforderungen an ihr Zusammenleben erfüllen zu können. Könnten diese Anforderungen durch die Tugend der Gerechtigkeit nicht erfüllt werden, gäbe es im eigentlichen Sinne des Wortes auch keine Gerechtigkeit. Aufgrund ihres künstlichen Charakters unterscheidet sie sich von den natürlichen Tugenden des Wohlwollens und der Menschlichkeit, die unter allen denkbaren Umständen lobenswert sind.

In seinem *ersten* Gedankenexperiment nimmt Hume an, dass wir Menschen wie im Paradies oder im Schlaraffenland in einem Zustand des Überflusses leben. Hier gibt es keine Eigentumsregeln. Wenn es von allem genug gibt, kann sich jeder so viel nehmen, wie er benötigt oder haben möchte. Hume verweist in diesem Zusammenhang auf Wasser und Luft, die im Überfluss vorhanden sind und deshalb von den Regeln der Gerechtigkeit nicht erfasst werden. Werden selbst diese Güter knapp, wie es heute möglicherweise der Fall ist, müssen wir uns allerdings auf entsprechende Regeln einigen. Welche Dinge von der Gerechtigkeit erfasst werden, kann sich also ändern.

Das *zweite* Gedankenexperiment geht von der aktuellen Lage der Menschen aus, die durch Knappheit an Mitteln und Ressourcen gekennzeichnet ist. Selbst unter diesen Bedingungen würden wir keine Gerechtigkeit benötigen, wenn das Wollen und Handeln des Menschen durch ein universelles Wohlwollen, durch Altruismus und Freundschaft gekennzeichnet wäre. Doch diese Annahme widerspricht nach Hume allen unseren bisherigen Erfahrungen.

In seinem *dritten* Gedankenexperiment bezieht sich Hume auf einen Zustand des absoluten Mangels. Die Gerechtigkeit soll das

Glück und die Sicherheit von Bürgern, Menschheit oder Gesellschaft garantieren.[287] Allerdings kann sie dies in einer absoluten Mangelsituation nicht leisten. Seit alters her wird zur Erläuterung dieses Falles auf das so genannte Brett des Karneades verwiesen: Nach dem Untergang eines Schiffes auf hoher See gelingt es zwei Personen, sich an einer Holzplanke festzuhalten. Diese trägt aber nur eine Person; halten sich beide Personen an ihr fest, werden beide untergehen. In dieser Situation sind die Regeln der Gerechtigkeit suspendiert. Sie haben keine Funktion mehr, weil von einer Person nicht verlangt werden kann, das eigene Leben aufzugeben, um einer anderen Person das Überleben zu sichern. Sicherlich kann sich eine Person freiwillig den kalten Tiefen des Meeres übergeben; aber dies wäre kein Akt der gewöhnlichen Gerechtigkeit. Vergleichbar mit dem Brett des Karneades ist der Bürgerkrieg: Erkennt eine Partei die Kriegsgesetze nicht mehr an, dann ist nach Hume auch die andere Partei zur Herstellung der Waffengleichheit berechtigt, sie aufzuheben.

Die »Regeln der Fairneß und der Gerechtigkeit«[288] hängen von den besonderen Zuständen und Lagen ab, in denen sich die Menschen befinden. Gewöhnlich sind diese Humes Auffassung nach irgendwo in der Mitte zwischen den philosophischen Fiktionen des Goldenen Zeitalters und des Naturzustandes angesiedelt. Besonders die in der Philosophie der Neuzeit von Hobbes reaktivierte Konzeption des Naturzustandes ist Gegenstand von Humes Kritik.

Seine Kritik am Naturzustandstheorem hat drei Stoßrichtungen: *Erstens* wehrt er sich gegen das vor allem durch die populäre Hobbes-Rezeption verbreitete – und auch für den Wolf wenig schmeichelhafte – Bild des Naturzustandes, in dem der Mensch des Menschen Wolf ist (*homo homini lupus est*). *Zweitens* weist er die Begründungsfigur der Vertragstheorie (Kontraktualismus) zurück: Diese Theorie kann nicht erklären, was sie zu erklären vorgibt, nämlich den Ursprung von neuen Verbindlichkeiten. *Drittens* kritisiert Hume die besonders wirkmächtig von Autoren wie Samuel von Pufendorf und John Locke verbreitete Interpretation des Naturrechts. Gemäß dieser Interpretation hat Gott den Menschen mit ewigen und unveräußerlichen Rechten (Locke) bzw. mit absolut bindenden Pflichten (Pufendorf) geschaffen, die der Mensch durch seine Vernunft erkennen kann. Diese Rechte und Pflichten stellen die Grundlagen des Staates (des *status civilis*) dar und grenzen die Macht des Herrschers ein. Würde die Auffassung der Naturrechtler zutreffen, wäre Humes Konzeption hinfällig. Die Gerechtigkeit wäre keine künstliche, sondern eine natürliche Tugend, die zu befolgen unter allen Umständen nützlich ist.

Besondere Bedeutung bei der Bestimmung der konkreten Gerechtigkeitsregeln kommt der Gewohnheit und der Erfahrung, aber gelegentlich auch der Einbildungskraft zu, mittels deren wir die vertrauten Eigentumsregeln über ihren ursprünglichen Anwendungskontext hinaus erweitern können. So sagt uns nach Hume der geschichtlich informierte gesunde Menschenverstand, dass eine vollkommene Gleichheit zwischen den Menschen nicht nur nicht durchführbar, sondern auch schädlich ist.[289] Es ist für alle nützlich, wenn wir durch Fleiß Eigentum erwerben können, wenn Eigentum vererbt werden kann und wenn Verträge eingehalten werden (*pacta sunt servanda*).

Erst im Kontext der Festsetzung und Bestimmung konkreter Gerechtigkeitsregeln geht Hume im *Traktat* auf den Begriff der Regierung bzw. der staatlichen Herrschaft (political society) ein. Während die Regierung im Naturrechtsdenken aufgrund ihrer paradoxen Stellung als Garant und als Bedrohung natürlicher Rechte im Zentrum der Aufmerksamkeit steht, weist ihr Hume eine eher untergeordnete Stellung zu. Die natürlichen Regeln der Gerechtigkeit erkennen wir durch das Studium des Menschen, seiner Natur, seiner Lage und der Geschichte. Doch wie die Naturrechtler seit Hobbes ist auch Hume davon überzeugt, dass Recht ohne Autorität Schall und Rauch ist. Es bedarf der Autorität des Staates, aufgrund deren die natürlichen Gerechtigkeitsregeln gemäß der besonderen Interessenlage einer Gesellschaft in bürgerliche Gesetze überführt werden.

Als Bedrohung für den Bestand der Gesellschaft wird die staatliche Herrschaft von Hume nur dort wahrgenommen, wo sie in der Gefahr steht, sich eher am (religiösen) Aberglauben denn am Prinzip des öffentlichen Nutzens zu orientieren. Staatliche Herrschaft ist notwendig, weil der Mensch entweder nicht genügend Klugheit besitzt, das Interesse wahrzunehmen, das ihn zur Beachtung der natürlichen Gerechtigkeit verpflichtet, oder über nicht genügend Willensstärke verfügt, ein entfernt liegendes Ziel einem gegenwärtigen Vergnügen vorzuziehen.[290] Vermag die Regierung das öffentliche Wohl nicht mehr zu garantieren, dann gibt es – so wie auch nach Hobbes – keinen Grund, warum die Untertanen dem Fürsten treu sein sollten.

Überblicken wir Humes Konzeption der Gerechtigkeit, erscheint die neuzeitliche Idee unveräußerlicher und unverwirkbarer Menschenrechte als eine philosophische Fiktion, die sich den Träumen unserer Einbildungskraft verdankt. Hume mag mit seiner Kritik recht haben oder nicht. Pikanterweise steht aber gerade seine ›metaphysikfreie‹ Konzeption der Gerechtigkeit einigen aktuellen Theorien der Menschenrechte sehr nahe, weil in diesen die Ansicht vertreten wird, dass Interessen und Bedürfnisse, die alle Menschen teilen, Menschenrechte begründen. Schließlich behauptet auch Hume, dass die Tugend der Gerechtigkeit die Funktion hat, unseren Interessen zu dienen. Obwohl die Gerechtigkeit nach Hume eine künstliche Tugend ist, lässt er keinen Zweifel daran aufkommen, dass wir aus Einsicht in ihren Nutzen verpflichtet sind, ihr zu dienen. »Gemeinsame Interessen und gemeinsamer Nutzen bringen unfehlbar einen Standard von ›richtig‹ und ›falsch‹ bei den betroffenen Parteien hervor.«[291]

Selbst dann, wenn die allgemeine Befolgung der Gerechtigkeitsregeln nicht mehr garantiert werden kann und wir deshalb nicht mehr verpflichtet sind, ihnen Folge zu leisten, betreten wir keinen völlig moralfreien Raum. Selbst im Bürgerkrieg billigen wir nicht jedes Verhalten. Eher das Gegenteil ist der Fall. Wir missbilligen nicht nur grausame Handlungen im Bürgerkrieg, wir missbilligen den Bürgerkrieg als solchen. Der legitimatorische Grund unserer Missbilligung grausamer Handlungen (nicht nur im Bürgerkrieg) ist für Hume aber nicht die Gerechtigkeit, sondern der natürliche Standpunkt der Menschlichkeit (humanity), den er auch den Standpunkt der »natürlichen Gerechtigkeit«[292] nennt. Grausamkeit sowie die Zerstörung und Verhinderung von zivilisatorischen Leistungen sind immer Anlass tiefster Abscheu, weil sie mit unserer Menschlichkeit und der planmäßigen Verbesserung unserer Lebensverhältnisse nicht vereinbar sind. Wer eine Gesellschaft – wie Oliver Cromwell im England des 17. Jahrhunderts – in den Bürgerkrieg stürzt, tut dies nach Prinzipien des Aberglaubens und des Enthusiasmus, keinesfalls aber nach denen des öffentlichen Nutzens. So gesehen verringert Humes ›Standpunkt der Menschlichkeit‹ ein wenig die Distanz zum neuzeitlichen Natur- und Vernunftrecht von Locke bis Kant.

Ist Hume ein Utilitarist? Recht und Gerechtigkeit werden von uns über alles geschätzt, weil sie im Interesse der menschlichen Gemeinschaft sind, sei diese nun definiert als eine einzelne Gesellschaft (Staatsrecht) oder als Beziehung zwischen verschiedenen Gesellschaften (Völkerrecht). Bei aller Wertschätzung des öffentlichen Nutzens vertritt Hume jedoch keinen kruden Utilitarismus. Die Grenzen des Utilitarismus werden durch die Gefühle der Humanität markiert. Gegen einen individualistischen

Utilitarismus (oder Egoismus) argumentiert Hume implizit, dass der (kultivierte) Einzelne selbst dann nicht gegen die Regeln der Gerechtigkeit verstößt, wenn er sicher sein kann, dass sein Verstoß unentdeckt bleibt und er deshalb mit keinen sozialen Sanktionen zu rechnen hat. Verstößt jedoch ein »schlauer Schurke« (sensible knave)[293] ganz im Sinne eines individuellen Nutzenmaximierers gegen die Regeln der Gerechtigkeit, kann er durch vernünftige Argumente allein von seinem Handeln nicht abgebracht werden. Ganz im Gegenteil ist es für ihn vernünftig, überall dort seinen Vorteil auf Kosten anderer Personen zu suchen, wo dies nicht entdeckt werden kann. Nur die moralischen Gefühle können einen Menschen motivieren, moralisch zu sein. »Wenn sein Herz nicht gegen so bösartige Maximen rebelliert, wenn er kein Zögern gegenüber Gedanken von Verbrechen und Niedrigkeit fühlt, dann hat er tatsächlich ein wichtiges Motiv für die Tugend verloren; und wir dürfen erwarten, daß seine Praxis seiner Spekulation Rechnung trägt.«[294]

In einer nach humeschen Prinzipien organisierten Gesellschaft muss eine Person auch nicht um der Beförderung des Nutzens der Mehrheit willen um Leib, Leben und Besitz fürchten. »Ich bin nicht verpflichtet, der Gesellschaft ein geringfügiges Gutes auf Kosten eines großen Übels für mich zu erweisen.«[295] Schließlich verzichtet Hume darauf, ein utilitaristisches Kalkül vorzuschlagen, mit dem der öffentliche Nutzen einer Handlung berechnet werden kann. Ein derartiges Verfahren hatte in der ersten Auflage seiner *Untersuchung unserer Begriffe von Schönheit und Tugend* (1725) Hutcheson vorgeschlagen. Die heftige Kritik, die dieser Vorschlag nach sich zog, veranlasste ihn, darauf in der zweiten Auflage seiner Schrift zu verzichten. Warum greift Hume auf dieses Kalkül nicht zurück? Wenn der öffentliche Nutzen niemals direkt mit Bezug auf Lust- und Unlustzustände ermittelbar ist, sondern immer auch den Rückbezug auf Geschichte, Lebensgewohnheiten und Traditionen einer Gesellschaft erfordert, dann kann er niemals mit mathematischer Exaktheit berechnet werden. Zur Feststellung des öffentlichen Nutzens bedarf es immer auch der (kontingenten, revidierbaren) historischen Kenntnisse, der Erfahrung und der Urteilskraft der für die politischen Angelegenheiten einer Gesellschaft verantwortlichen Personen.

Zu den Kritikern der humeschen Tugendethik gehört Adam Smith. In seiner *Theorie der moralischen Gefühle* (1759) argumentiert Smith, dass Hume zu sehr dem utilitaristischen Denken verhaftet sei. Seiner Ansicht nach hat die Natur unsere Gefühle zwar so eingerichtet, dass wir billigen, was nützlich, und missbilligen, was unnützlich und schädlich ist. Aber in ausdrücklicher Abgrenzung zu Hume weist Smith zugleich darauf hin, dass die Nützlichkeit »weder die erste noch die Hauptquelle unserer Billigung und Missbilligung ist«[296]. Zum einen bezweifelt Smith, dass das Gefühl, mit dem wir die Bequemlichkeit eines Gebäudes billigen, mit dem Gefühl identisch ist, mit dem wir die Tugend eines Menschen billigen. Danach vermag Hume den Unterschied zwischen der Tüchtigkeit und der Tugend einer Person nicht zu erklären. Und zum anderen enthält seiner Auffassung nach unser »Gefühl der Billigung« (sentiment of approbation) einer geistigen Eigenschaft und Disposition neben der Wahrnehmung ihrer Nützlichkeit immer auch einen Sinn für ihre Angemessenheit (a sense of propriety). So billigen wir höhere Vernunft und Verstand als »richtig und rechtens und treffend und nicht bloß als nützlich oder vorteilhaft«[297]. Was Hume nicht zu akzeptieren bereit ist, stellt die Grundlage von Smiths Theorie moralischer Gefühle dar: Es gibt bestimmte Eigenschaften und Dispositionen, die von Natur aus schätzenswert und billigenswert sind, obwohl sie vielleicht von keinem Menschen faktisch geschätzt und gebilligt werden. Der tugendhafte Mensch handelt in dem Bewusstsein, dass sein Handeln billigenswert ist, und stimmt insofern mit den Gefühlen überein, die ein unparteiischer Zuschauer empfinden würde.

Es ist dieser durch und durch normative, auf der von Hume nicht geteilten Voraussetzung einer teleologisch organisierten Natur beruhende Charakter von Smiths Theorie menschlicher Gefühle, der diese Theorie von Humes kausalmechanistischem Modell menschlicher Wertschätzung unterscheidet. Ähnlich wie Kants Kategorischer Imperativ gegenüber unseren auf Neigungen beruhenden Maximen, übt Smiths unparteiischer Zuschauer eine gegenüber unseren gewöhnlichen Gefühlen externe Richterfunktion aus, die sich im Gegensatz zu Humes Auffassung vom Zuschauer nicht sozialpsychologisch erklären lässt. Was überwindet nach Smith unseren Egoismus? »Es ist Vernunft, Prinzip, Gewissen, der Bewohner der Brust, der innere Mensch, der große Richter und Schiedsherr über unser Verhalten.«[298]

Ob Hume über eine – wie wir uns seit Kant ausdrücken – Theorie praktischer Vernunft verfügt oder praktische Normativität selbst dort kausaltheoretisch zu begreifen versucht, wo sie einen stark sozialen Charakter annimmt und (wie in seinen beiden *Untersuchungen*) der Begriff der Urteilskraft (judgement) ins Zentrum der Aufmerksamkeit rückt, ist bis auf den heutigen Tag umstritten.[299] Vermutlich steht die zweite Alternative der Wahrheit am nächsten. Neben vielen anderen Philosophen spricht Edmund Husserl von Humes »immanenter Kritik der praktischen Vernunft«[300] und moniert ähnlich wie vor ihm bereits Smith, Hume unterschlage mit seiner naturalistisch-kausalen Erklärung unserer Gefühle, dass Gefühle ›richtig‹ und ›falsch‹ sein können. Gefühle bewerten etwas, was an sich betrachtet schätzenswert oder verabscheuungswürdig ist. Nach Husserl vermag Hume mit seiner komplexen »psychischen Mechanik«[301] letztlich nicht verständlich zu machen, warum eine Person für das Haben bestimmter Gefühle kritisiert werden kann.

Hume selbst hätte auf den Vorwurf, über keinen angemessenen Begriff praktischer Vernunft zu verfügen, sicherlich mit einiger Gelassenheit reagiert: Die Beweislast liegt bei seinen Kritikern, die eine den Bereich von instrumenteller Vernunft und hypothetischen Imperativen überschreitende Konzeption menschlicher Rationalität vertreten. Für diese Konzeption gibt es in seiner eigenen Moralphilosophie keine Notwendigkeit. Nehmen wir den moralischen Standpunkt ein, garantiert in letzter Konsequenz nicht die ›reine‹ Vernunft, sondern das interpersonale Prinzip der Sympathie die universelle Gleichförmigkeit unserer Gefühle. Mehr können und sollten wir in moralischen Angelegenheiten nicht erwarten.

Selbstmord

Die Funktion der Philosophie, ein »unübertreffliches Gegengift« gegen »Aberglauben und falsche Religion«[302] zu sein, hilft uns bei der Beantwortung brisanter ethischer Probleme. Darf ich aus eigenem Entschluss von dieser Welt gehen, wenn sie mir statt Vergnügen nur Leid und ein düsteres Gemüt bereitet? Oder verlangt die Tugend der Gerechtigkeit von mir, unter allen Umständen am Leben festzuhalten? An sich betrachtet kommt dem menschlichen Leben nach Hume kein Wert zu: So wie die Schönheit keine Eigenschaft des Kreises ist[303], hat das Leben eines Menschen an und für sich betrachtet keine größere Bedeutung als dasjenige »einer Auster«.[304] Aller Wert, den das Leben für uns hat, beruht auf unseren Affekten. Empfinden wir kein Vergnügen mehr am Leben, gibt es auch keinen Grund, warum wir uns nicht selbst töten können dürften. Der Mensch hat die »natürliche Freiheit«[305], sich selbst zu töten, weil es keine Verpflichtungen gibt, die ihm diese Handlung unter allen Umständen verbieten würden.

Hume nimmt die traditionelle Einteilung aller unserer Verbindlichkeiten gegenüber Gott, den Mitmenschen und uns selbst auf und argumentiert folgendermaßen: *Gott* gegenüber bin ich nicht verpflichtet, unter allen Umständen von einer Selbsttötung abzusehen, weil dieser Akt mit dem natürlichen Gang der Dinge ebenso vereinbar ist wie ein Wasserglas, das auf dem harten Steinboden zerbricht. Worin, fragt Hume rhetorisch, sollte selbst in den Augen Gottes auch das Verbrechen bestehen, »einige wenige Unzen Blut aus ihrer natürlichen Bahn abzulenken?«[306] Schließlich kann der Mensch durch keine seiner Handlungen in den Plan der Vorsehung eingreifen. Der *Gesellschaft* gegenüber besteht keine Verpflichtung, das eigene Leben bedingungslos zu erhalten, weil keiner verpflichtet ist, ein großes Übel zu erleiden, damit andere einen kleinen Nutzen haben. *Sich selbst* gegenüber besteht keine entsprechende Verpflichtung, weil man nicht sinnvoll bestreiten kann, »dass Alter, Krankheit oder Unglück das Leben zu einer Last und es sogar schlimmer als seine Vernichtung machen können«[307].

Hume gibt zu bedenken, dass noch kein Mensch, der das Leben für lebenswert erachtete, es einfach so weggeworfen hat. Es gibt immer einen Grund für diese Handlung, der in uns selbst zu finden ist. Doch wann genau scheint eine Selbsttötung erlaubt zu sein? Vermutlich hätte Hume diese Frage in dieser Form befremdet. Es geht nicht darum, wann die Selbsttötung erlaubt ist, sondern wann eine Person Gründe hat, sie durchzuführen. Diese Gründe sind von den besonderen Umständen und der individuellen Konstitution einer Person abhängig. In jedem Fall gibt es so etwas wie einen ›rationalen‹, d.h. durch die besonderen Lebensumstände einer Person begründeten Akt der Selbsttötung. Diese (von Hume so nicht bezeichnete) rationale Selbsttötung unterscheidet sich von einem Akt der Selbstvernichtung, der aus nichtigem Anlass vollzogen wird.

5. Ästhetischer Geschmack

Im Vorwort zum *Traktat* hatte Hume angekündigt, seine Untersuchungen zukünftig auch auf das Gebiet des »Criticism«, d.h. auf unseren ästhetischen Geschmack, ausdehnen zu wollen.[308] Sein wichtigstes Werk zu diesem Thema erscheint jedoch erst 1757 im Rahmen der *Vier Abhandlungen* unter dem Titel »Über den Maßstab des Geschmacks«. Im *Traktat* selbst beschäftigt er sich nur relativ kurz im zweiten und im dritten Buch mit unserem »Sinn für Schönheit« (sense of beauty)[309]; von einem »Maßstab [standard] des Geschmacks« spricht er dagegen nicht. Wie Tugend und Laster können Schönheit (beauty) und Missbildung (deformity)[310] nicht definiert werden, weil sie auf der Wahrnehmung spezieller Empfindungen der Freude, der Befriedigung und des Schmerzes beruhen. Lust und Unlust begleiten Schönheit und Missbildung nicht, sie »konstituieren ihr eigentliches Wesen«[311]. »Die Vernunft ist für uns die Quelle der Erkenntnis des Wahren und Falschen. Der Geschmack ist die Quelle des Gefühls von Schönheit und Mißbildung, Laster und Tugend. Die eine entdeckt Gegenstände, wie sie wirklich in der Natur vorkommen, ohne ihnen etwas hinzuzufügen oder wegzunehmen. Der andere besitzt ein produktives Vermögen und vergoldet oder färbt alle natürlichen Gegenstände mit solchen Farben, die er sich von dem inneren Gefühl leiht, und so schöpft er in gewisser Weise etwas Neues.«[312] Wer die Schönheit eines Objekts erkennen will, muss sie empfinden.

Hume unterscheidet zwei Arten von Schönheit: Die natürliche Schönheit von belebten und unbelebten Körpern auf der einen und die moralische Schönheit der Tugend auf der anderen Seite. In beiden Fällen ruft die Schönheit bei ihrem Besitzer Stolz hervor. Ein wohlgeformter und tugendhafter Mensch ist ebenso stolz auf seine natürliche wie auf seine moralische Schönheit. Wie seine Gegenüberstellung von Schönheit und Missbildung schon erahnen lässt, erklärt sich für Hume die natürliche Schönheit durch die Bequemlichkeit und den Nutzen, den diese Gegenstände haben. Dabei ist es erneut das Prinzip der Sympathie, das uns über uns hinausträgt und uns ein Objekt als schön empfinden lässt, was einer uns fremden Person nützlich ist.[313]

Mit dem Prinzip der Nützlichkeit überschreitet Hume die Grenzen dessen, was wir heute für gewöhnlich unter der ästhetischen Beurteilung oder Wahrnehmung eines Gegenstandes verstehen. Ob ein Haus einen sicheren oder instabilen Eindruck macht, scheint uns für seine ästhetische Qualität nicht zentral zu sein. Auch würden die meisten von uns zögern, die Schönheit eines Pferdes mit seiner Kraft und die eines Feldes mit seiner Fruchtbarkeit[314] in Zusammenhang zu bringen. Bekanntlich können auch Wüstenlandschaften eine eigentümliche Schönheit entfalten. Im krassen Gegensatz zu Hume wird Kant in der *Kritik der Urteilskraft* (1790) behaupten, dass das reine ästhetische Geschmacksurteil gerade nicht auf Interessen beruht, die wir an der Existenz des Gegenstandes nehmen, sondern auf einem uninteressierten Wohlgefallen.

In seinem (später in seine Essaysammlung übernommenen) Text »Über den Maßstab des Geschmacks«[315] vertritt Hume eine Auffassung über die Natur unseres Geschmacks, die bei den mit seinen früheren Schriften vertrauten Lesern kaum für Erstaunen gesorgt haben wird: Unsere Geschmacksurteile beruhen weder auf einer Vernunfterkenntnis, noch repräsentieren sie Eigenschaften, die den Dingen selbst zukommen. Betrachten wir beispielsweise einen Kreis, so wie ihn Euklid beschrieben hat, aus allen möglichen Perspektiven, werden wir seine Schönheit nicht entdecken. Wie im Falle unserer moralischen Unterscheidungen ›schmecken‹ wir gewissermaßen die Unterschiede zwischen einem gelungenen und einem misslugenen Gedicht, einer guten und einer schlechtten Oper, einem ansprechenden und einem schlechten Wein. Doch unser Geschmacksurteil hängt nicht nur von der Konstitution unseres Geistes ab. Die Dinge haben bestimmte Qualitäten, die in uns bestimmte Gefühle hervorrufen. Wir müssen diese Qualitäten empfinden, wenn unser Urteil passend und angemessen sein soll. Neben einer vorurteilsfreien Einstellung bedarf es dazu der Erfahrung und der Kennerschaft. Aus der Beobachtung dessen, was gefällt und missfällt, und unter Rückgriff auf Prinzipien, die auf die einhellige Zustimmung und Erfahrung aller Nationen und Zeitalter zurückgehen, bilden wir »allgemeine Regeln der Schönheit«[316]. Diese dienen uns zur Grundlage der Beurteilung des Geschmacks anderer Personen. Deren Urteil nehmen wir nur ernst, wenn es bestimmten Bedingungen genügt. »Ein starker Sinn, vereint mit delikatem Geschmack, verbessert durch Übung, perfektioniert durch Vergleich, und befreit von allen Vorurteilen« zeichnet die Kenner aus, deren vereintes Urteil »der wahre Maßstab von Geschmack und Schönheit«[317] ist.

Das Gegenargument, dass gerade die Uneinigkeit der Kritiker die Beliebigkeit unserer Geschmacksurteile belegt, lässt Hume nicht gelten. Zur Illustration seiner Position verweist er auf eine Geschichte in Cervantes' *Don Quixote*[318]: Zwei Weinkenner sollen aus einem Weinfass probieren und beurteilen den Wein als gut. Doch während die eine Person einen feinen Ledergeschmack wahrzunehmen meint, schmeckt der anderen Person der Wein ein wenig nach Eisen. Daraufhin wird das Weinfass gelehrt, und auf seinem Boden findet sich ein alter Schlüssel mit einem Lederriemen.

Dieses Beispiel zeigt zunächst, dass es sich lohnt, über Geschmack zu verfügen; er macht uns mit Eigenschaften der Welt bekannt, die wir ansonsten nicht bemerken würden. Das Beispiel zeigt zudem, dass wir niemals wirklich sicher sein können, ob unser Geschmack die Dinge trifft. Wo alle oder die ganz überwiegende Mehrheit der Menschen, die über einen entsprechenden Geschmack verfügen, einen Gegenstand als angenehm beurteilt, stimmen wir ihrem Urteil zu, obwohl es – rein logisch betrachtet – nicht ausgeschlossen ist, dass sie sich alle irren. Streiten sich aber zwei Personen über den Geschmack eines Gegenstandes, kann es wie im Falle der Weinprobe sein, dass beide ein wenig recht haben. So wie eine Münze auf ihrer Vorderseite ein anderes Motiv als auf ihrer Rückseite zeigt, müssen wir immer damit rechnen, dass unser Geschmack durch den Einbezug neuer Perspektiven und Standpunkte belehrt und gebildet wird. Obgleich wir uns bewusst sind, dass die Dinge selbst keine ästhetischen Qualitäten haben, in der ästhetischen Wahrnehmung also kein Schlüssel mit Lederband zu finden ist, schreiben wir diese Qualitäten den Dingen im täglichen Leben zu. Als Weintrinker sind wir Realisten, als Philosophen Idealisten, die wissen, dass Geschmacksqualitäten nichts anderes als Eindrücke sind, welche uns unbekannte und ihrerseits ästhetisch neutrale Qualitäten in uns kausal hervorrufen.

Gerade das Beispiel der Weinverkostung scheint für die Einheit von Humes Konzeption des ästhetischen Geschmacks aber ein Problem darzustellen: Wozu bedürfen wir in jedem Falle der Urteile der Anderen, wenn wir selbst über einen ausgesuchten Geschmack verfügen? Wenn Adam die Gelegenheit gehabt hätte, verschiedene Weine zu kosten, wieso sollte er dann nicht auch in der Lage gewesen sein, die ästhetische Qualität eines Weines angemessen zu beurteilen? Das Prinzip der Sympathie wäre hier ebenso überflüssig wie die Beratung mit Experten. Der Wein verursacht unmittelbar in mir bestimmte angenehme oder unangenehme Geschmackserlebnisse, die ich anderen gegenüber nicht kommunizieren muss, um mich von ihrer Qualität zu überzeugen. Dadurch unterscheidet sich mein ästhetisches Geschmackserlebnis prinzipiell von meinen moralischen Gefühlen. Weil die sozialen Tugenden im Zentrum meines moralischen Geschmacks stehen, gehe ich in meinem moralischen Empfinden immer von der Existenz anderer Personen aus, ohne die es keine Tugend und Untugend gibt.

6. Der Skeptiker

Quod vitae sectabor iter? Welchen Lebensweg soll man verfolgen? Diesen Untertitel trägt ein kleines Büchlein[319] mit deutschen Übersetzungen von vier Essays, denen Hume die Titel »Der Epikureer«, »Der Stoiker«, »Der Platoniker« und »Der Skeptiker«[320] gegeben hat. Über die Absicht, die er mit diesen nach antiken Philosophenschulen betitelten Versuchen verfolgt, gibt Hume in einer Anmerkung Aufschluss. Er möchte auf die vier möglichen Auffassungen (sentiments) aufmerksam machen, die Menschen über ihr Leben und ihr Glück bilden können. Als Epikureer streben wir nach Eleganz und Vergnügen, als Stoiker zielt unser Streben auf Tätigkeit und Tugend, und als Platoniker widmen wir uns ganz der Kontemplation und der Philosophie.[321] Nur der Skeptiker scheint keinen für ihn spezifischen Gegenstand zu haben. Sein Ziel besteht nicht in der dogmatischen Festsetzung von letzten Prinzipien, sondern in der vorurteilsfreien Prüfung von Meinungen und Ansichten. Seiner Auffassung nach begehen die anderen Philosophen den Fehler, den Blick für die vielfältigen Ausdrucksformen der Natur zu verlieren, sobald sie sich für ein bestimmtes Prinzip entschieden haben und nun fälschlich der Meinung sind, mit diesem Prinzip alle Wirkungen erklären zu können. Besonders signifikant ist dieser Fehler nach Einschätzung des Skeptikers bei ihren Urteilen über die menschliche Natur und über die Methoden, das Glück zu erlangen, anzutreffen.[322] Die eigenen Präferenzen und Neigungen werden fälschlich zum Maßstab für alle Menschen erhoben. Untersuchen wir die Natur unserer Billigung und Wertschätzung, stellen wir gegenüber den dogmatisch argumentierenden Philosophen fest, dass nichts an sich wertvoll oder wertlos, schön oder hässlich, hassenswert oder lobenswert ist. Unsere wertenden Urteile erklären sich einzig und allein durch die Leidenschaften und Gefühle, die die Dinge in uns hervorrufen.[323] Wir Menschen teilen zwar dieselbe Natur, aber dies schließt Unterschiede in den Leidenschaften nicht aus, die ihrerseits durch Erziehung, Erfahrung und Gewohnheit in den unterschiedlichsten Weisen vermittelt, geprägt und korrigiert werden.

Was kann die Philosophie in dieser Situation leisten? Hume legt dem Skeptiker vorsichtig optimistische Worte in den Mund. Zwar kann auch der Philosoph die menschliche Natur nicht ändern; und wenn ein Mensch über keine Kultur und keinen Geschmack verfügt, versagen die Bemühungen des Philosophen, ihn von einer besseren Sicht der Dinge zu überzeugen. Wer sich bisher nur am Spiel des Dudelsacks erfreut hat, wird so bald keinen Geschmack an italienischen Opern finden.[324] Der Philosoph kann in einer Situation, in der er über keine direkten Argumente verfügt, nur versuchen, den Blick für Perspektiven, Überlegungen und Umstände zu schärfen, die bisher übersehen wurden.[325] Mehr bleibt ihm nicht in einer durch die Leidenschaften regierten Welt, in der es keinen notwendigen Zusammenhang zwischen Vernunft, Tugend und Glück gibt.

Wenn das Leben eine Angelegenheit mehr des Zufalls als der Vernunft ist, sollten wir dann nicht versuchen, es zu überwinden? Warum sollen wir uns mit der Philosophie beschäftigen, wenn der Tod den Weisen wie den Tor gleich behandelt? Die Antwort auf diese Fragen finden wir erneut, indem wir uns unseren Leidenschaften und Gefühlen zuwenden. Würde die Philosophie einigen von uns kein Vergnügen bereiten, wäre auch unsere Beschäftigung mit ihr unpassend. Da wir aber ein Vergnügen an ihr empfinden, haben wir den besten Grund, uns mit ihr zu befassen.[326]

7. Hume heute

Es gibt verschiedene Gründe, die einen Philosophen bedeutend machen. Einige Philosophen haben nachhaltig unser Selbst- und Weltverständnis durch die Erfindung neuartiger Begriffe, die Beschreibung ungewohnter Perspektiven und die Ausarbeitung wegweisender Problemstellungen und Theorien geprägt; andere machen uns gerade aufgrund ihrer abwegigen Ansichten und kuriosen Systeme neugierig und ziehen uns wie ein Lebewesen von einem anderen Stern in ihren Bann. Ihre Bedeutung liegt in ihrem Scheitern. Worin liegt die Bedeutung Humes? Gibt es einen zwingenden Grund, sich heute mit ihm zu beschäftigen?

Die Beschäftigung mit den Schriften eines Philosophen ist grundsätzlich nur sinnvoll, wenn man ihre Anliegen teilt und die Probleme ernst nimmt, die in ihnen behandelt werden. Erst dann wird aus der Lektüre eines Buches die Auseinandersetzung mit Philosophie. Der Dreh- und Angelpunkt der Philosophie Humes ist der Mensch als Gegenstand der empirischen Forschung. Ernüchtert und enttäuscht von den spekulativen Systemen der Rationalisten und Metaphysiker orientiert sich Hume methodisch an der Leitwissenschaft des 17. und beginnenden 18. Jahrhunderts – der Physik Newtons – und inhaltlich vor allem am Empirismus Lockes, der Gefühlsethik Hutchesons, aber nicht zuletzt auch an Autoren wie dem antiken Skeptiker und Stoiker Cicero oder dem modernen Skeptiker Pierre Bayle. Im Ergebnis präsentiert Hume – je nach Betrachtungsweise – eine naturalistische, empiristische und skeptische Philosophie, die mit überkommenen Dogmen bricht, ohne in der Beliebigkeit zu enden. Dass unser gesamtes Tatsachenwissen Wahrscheinlichkeiten betrifft, erhöht den Aufwand, den wir betreiben müssen, um gerechtfertigte von ungerechtfertigten Urteilen zu unterscheiden. Aber es hebt diesen Unterschied nicht auf. Neben der spekulativen Schulphilosophie sind es vor allem religiöser Aberglaube und Enthusiasmus, denen Humes Ablehnung gilt. Stellten sie für den Einzelnen und den Bestand der Gesellschaft keine Gefahr dar, würden wir uns über ihre Grillen nur amüsieren; aber leider haben wir nicht immer viel zu lachen.

Im alltäglichen Leben sind wir alle ein Stück weit Humeaner. Wir bilden unsere Überzeugungen nach den empirischen Evidenzen, die uns zur Verfügung stehen. Aber ob dies reicht und den Begriff menschlicher Vernunft auszufüllen vermag, wird auch heute noch kontrovers diskutiert. Sowohl in historischer wie in systematischer Hinsicht aufschlussreich ist die von Immanuel Kant entwickelte Gegenposition. Kant will, nachdem ihn Hume aus seinem »dogmatischen Schlummer«[327] geweckt hat, die Metaphysik mit den Mitteln einer Kritik der reinen Vernunft begründen und beruft sich dabei auf die Unterscheidung zwischen einer *historischen* (cognitio ex datis) und einer *rationalen* Erkenntnis (cognitio ex principiis).[328] Ohne eine Vernunfterkenntnis aus Begriffen gäbe es nach Kant nicht nur keine Metaphysik, sondern auch keine Wissenschaften, die notwendig geltende Erkenntnisse enthalten. Humes empirische Ableitung von Begriffen ist nach Kant »mit der Wirklichkeit der wissenschaftlichen Erkenntnisse a priori, die wir haben, nämlich der *reinen Mathematik* und *allgemeinen Naturwissenschaft*, nicht zu vereinigen, und wird also durch das Factum widerlegt«[329]. Ähnlich argumentiert Kant im Bereich seiner praktischen Philosophie. Nicht das Gefühl, sondern die reine praktische Vernunft ist der Maßstab, an dem wir uns in unserem Wollen und Handeln zu orientieren haben.

Hume oder Kant? Diese Alternative prägt bis auf den heutigen Tag unsere philosophischen Diskussionen. Kontrastieren wir Hume mit Kant, traut Hume der Vernunft vielleicht tatsächlich zu wenig zu. Wenn Philo an einer Stelle der *Dialoge* ganz im Sinne Humes die Behauptung aufstellt, dass wir die Prinzipien der Vernunft und der Natur nur aus ihren Wirkungen, niemals aber unmittelbar erkennen können[330], klingt dies nicht zuletzt im Computer- und Technikzeitalter recht hausbacken. Der Erfolg der Technik ist der größte Triumph des Menschen über eine bloß wahrscheinliche Wirklichkeitserkenntnis. Mit der Technik machen wir uns die ›Wirklichkeit‹ nicht nur dienstbar, wir können sie sogar nach unseren Zwecksetzungen verändern.

Ob Hume seine Ansichten über Tugend und Laster revidiert hätte, wenn er unser Wissen über in Zukunft mögliche gentechnische Eingriffe in das Erbgut des Menschen gehabt hätte? Das wohl kaum. Weil unsere ethischen Gefühle Reaktionen auf Tatsachen nach den Prinzipien unserer Natur darstellen, ändern sich selbstverständlich auch die Gefühle unserer Nachkommen, wenn wir ihre Natur manipuliert haben. Dann gäbe es Menschen, die eine andere Moral haben. Ob dieser Bruch mit dem ›ethischen Normalzustand‹ wünschenswert ist oder nicht, muss sich an den Gefühlen zeigen, die wir dieser Problematik gegenüber heute gemeinsam einnehmen. Einen anderen Maßstab haben wir nach Hume nicht.

Hume ist immer wieder mit dem Vorwurf konfrontiert worden, eine Vorliebe für »Paradoxien und ausgesuchte Meinungen«[331] zu haben, die zu nichts führen. Zu den wenigen Autoren, die diese Vorliebe Humes ausdrücklich lobten, gehörte Kant. Denn Paradoxien, d.h. unseren Vorurteilen widersprechende Ansichten und Behauptungen, erwecken, so Kant, unser »Gemüth zur Aufmerksamkeit und Nachforschung«[332] und befördern auf diese Weise unsere Erkenntnis des Wahren, Guten und Schönen.

Kant hat sicherlich recht: Als im besten Sinne des Wortes paradoxer Schriftsteller und Philosoph wird uns Hume auch in Zukunft zu denken geben.

Anhang

Anmerkungen

1 T 270/I 348. Für die Durchsicht einer früheren Fassung des Typoskripts und für hilfreiche Hinweise danke ich Reinhard Brandt, Frank Brosow und Andreas Thomas sowie den TeilnehmerInnen meines Wuppertaler Oberseminars ›Praktische Philosophie‹.

2 Hegel 1969-71, Bd. 3 (= *Phänomenologie des Geistes*), S. 184.

3 Siehe T xv-xvi/I 2 f.

4 Vgl. T 8/I 18 u. Klemme 1997, S. 22-23.

5 Siehe EHU 5/17 (»MORAL philosophy, or the science of human nature«).

6 EHU 87/115.

7 T Titelblatt.

8 *Four Dissertations*, 1757, S. 181.

9 *Letters*, I, S. 13.

10 *Letters* , I, S. 13.

11 *Letters*, I, S. 16.

12 EM 174 f./9.

13 Kant, *KrV*, A 840/B 868.

14 Hegel 1969-71, Bd. 7 (= *Grundlinien der Philosophie des Rechts*), S. 26.

15 T 271/I 349.

16 EHU 76/101.

17 T 272/I 350.

18 *Essays*, S. xxxv. Wie die Rezeptionsgeschichte des *Traktats* zeigt, ist dieses Urteil jedoch übertrieben; siehe Gawlick/Kreimendahl 1987 u. Brandt/Klemme 1989.

19 *Essays*, S. 535.

20 *Essays*, S. xxxv u. xxxix-xl.

21 *Letters*, II, S. 57; zitiert nach Streminger 1995, S. 553.

22 Hume 1980, S. 93/95.

23 *Essays*, S. xxxvi.

24 Zitiert nach Klemme 1991, S. 664.
25 EHU 83/110.
26 *Letters*, II, S. 242.
27 Hume 1999 (EHU, hg. v. T.L.Beauchamp), S. 83.
28 Vgl. *Letters*, I, 158.
29 EHU 23/4.
30 Vgl. *Abstract*, S. 653f.
31 T 276/II 5.
32 EM 294/133.
33 EM 294/133.
34 T 13/I 24; vgl. auch EHU 17-22/31-37.
35 Vgl. 188f./I 252f., T 415/II 153 (»A passion is an original existence«) u. T 635/I 363 (»distinct existences«).
36 EHU 19/34.
37 T 3/I 11.
38 Vgl. T 6/I 15.
39 T 13/I 23f.; vgl. EHU 87/115.
40 T 84/I 112f.
41 T 33/I 50.
42 T 7/I 16.
43 EHU 24/39.
44 T 10-13/I 20-24; EHU 24/39.
45 EHU 24/39-40.
46 T 12-13/I 23.
47 T 16/I 28.
48 Vgl. T 15/I 27.
49 Berkeley, *Abhandlung*, S. 10.
50 Locke, *Essay*, S. 159.
51 Vgl. T 24/I 38.
52 T 27/I 42; vgl. *Abstract*, S. 658-659.
53 Abstract, S. 658.
54 Descartes, *Meditationen*, III 22.
55 Vgl. Locke, *Essay*, S. 131.
56 T 66/I 90; vgl. T 96-97 Anm./I 129-130 Anm.
57 T 189/I 252.
58 Siehe Leibniz, *Monadologie*, § 33.
59 Kant, *KrV*, B 232.

60 T 74/T 100 f.
61 Vgl. Mackie 1980 und T 406/II 144 (»cemented together«).
62 Leibniz, *Monadologie*, § 7.
63 Locke, *Essay*, S. 233.
64 Locke, *Essay*, S. 324.
65 Siehe *Abstract*, S. 655, T 164/I 223 u. EHU 75 ff./100 ff.
66 *Abstract*, S. 649.
67 T 139/I 191.
68 EHU 63/86.
69 Siehe hierzu Wright 1983, Strawson 1989 u. Read / Richman (Hg.) 2000.
70 EHU 30/47 f.
71 *Abstract*, S. 652; vgl. EHU 44/64.
72 Vgl. T 97 Anm./I 131 Anm. u. *Abstract*, S. 652.
73 *Abstract*, S. 653.
74 T 86/I 116.
75 T 86/I 116.
76 EHU 46/67.
77 T 96/I 129.
78 T 105/I 144, vgl. EHU 49/70.
79 T 102/I 140.
80 T 104/I 142.
81 T 77/I 104; vgl. EHU Sect. VII.
82 T 165/I 224.
83 T 78/I 106.
84 Aristoteles, *Metaphysik*, 983 a.
85 Vgl. T 79/I 106.
86 EHU 18/33.
87 T 82/110.
88 T 103/I 141.
89 EHU 76/102.
90 EHU 77/102.
91 T 179/I 240.
92 Vgl. T 397/I 134.
93 EHU 114/147.
94 EHU 116/149.
95 EHU 114/147; vgl. T 120/I 164.
96 EHU 110/143.

97 Reid 1969, S. 62.
98 EHU 115 Anm./148 Anm.
99 EHU 117/151.
100 EHU 119/153.
101 EHU 121 f./156.
102 EHU 127/162.
103 EHU 131/167.
104 Kant, *KrV*, A 582 ff./B 611 ff.
105 Vgl. *Dialoge*, S. 62.
106 *Dialoge*, S. 109.
107 *Dialoge*, S. 111 Anm.
108 *Dialoge*, S. 18-19.
109 *Dialoge*, S. 20.
110 *Dialoge*, S. 121.
111 *Dialoge*, S. 120.
112 *Dialoge*, S. 122.
113 *Dialoge*, S. 20.
114 *Dialoge*, S. 39.
115 *Dialoge*, S. 43.
116 Vgl. *Dialoge*, S. 43.
117 Vgl. *Dialoge* S. 48 ff.
118 *Dialoge*, S. 54.
119 *Dialoge*, S. 62.
120 *Dialoge*, S. 57.
121 *Dialoge*, S. 57.
122 *Dialoge*, S. 110.
123 T 180/I 241.
124 T 180/I 241.
125 T 183/I 245.
126 T 183/I 245.
127 Berkeley, *Abhandlung*, S. 26.
128 T 193/I 258.
129 Vgl. T 202/I 269, 205/I 272 u. 206/I 274.
130 Vgl. T 210/I 278 u. 213/I 282.
131 Vgl. T 215/I 283 f.
132 T 215/I 284 (»double existence«).
133 T 224/I 294.

134 Vgl. T 224/I 296.
135 T 226/I 296.
136 Vgl. T 229/I 300.
137 EHU 149-150/ 188-190.
138 EHU 165/207.
139 EHU 158f./199.
140 T 234/I 305.
141 T 250/I 324.
142 Zitiert nach Brandt/Klemme 1989, S. 60 (meine Übersetzung H.K.).
143 Hume 1984, S. 79.
144 Hume 1984, S. 86-87.
145 Locke, *Essay*, S. 331-332 u. 335 ff.
146 Siehe Brandt 1988, S. 669-672, u. Brandt 2006.
147 Locke, *Essay*, S. 346.
148 T 253/I 328.
149 Vgl. T 257/I 332 f. u. T 261/I 338.
150 T 251 f./I 326.
151 T 252/I 327.
152 T 253/I 327 f.
153 T 634-635/I 362.
154 T 340 f./II 72 f.
155 Vgl. T 259/I 335.
156 Vgl. T 253-259/I 328-336.
157 T 261/I 337 f.
158 Vgl. T 262/I 339.
159 Vgl. T 633/I 360.
160 Vgl. T 636/I 363 f.
161 T 259/I 335.
162 Vgl. T 635/I 363.
163 T 636/I 364.
164 *NLetters*, S. 20-21.
165 *Essays*, S. 231-233; zitiert nach Hume, *Treatise*, hg. Norton/Norton, Bd. 2, S. 475.
166 Kant, *KrV*, B 131-B 132.
167 Kant, *KrV*, B 134.
168 T 266/I 344.
169 T 265/I 343.

170 T 267/I 345.
171 T 273/I 352.
172 T 274/I 352.
173 T 269/I 347.
174 T 276/II 5.
175 Vgl. T 275-277/II 3-5.
176 T 439/II 178; vgl. T 417/II 155.
177 T 286/II 16.
178 Vgl. T 298-303/II 28-33 u. T 583/II 337.
179 T 437/II 176.
180 T 437/II 176.
181 In der *Dissertation on the Passions* von 1757 analysiert Hume zunächst die direkten Affekte.
182 T 277/II 6; vgl. T 329/II 60.
183 T 354/II 86; vgl. T 317/ II 49 (»the idea, or rather impression of ourselves«) u. T 340 f./II 72 f.
184 T 277II 6; vgl. T 280/II 9.
185 T 284/ II 16; vgl. T 333/ II 64 f.
186 T 278/II 7; vgl. T 317/II 49.
187 T 281/II 10.
188 T 289/II 19.
189 T 293/II 23.
190 Vgl. T 332/II 63.
191 T 316/II 48.
192 T 363/II 96.
193 T 363/II 97.
194 Vgl. T 385-386/II 121.
195 T 365/II 99.
196 Vgl. T 320/II 52.
197 T 438/II 177.
198 T 439/II 178.
199 T 412/II 150.
200 Siehe auch EHU Abschnitt VIII (»Über Freiheit und Notwendigkeit«).
201 Zum Folgenden siehe weiterführend auch Klemme 2006.
202 Wolff, *Deutsche Ethik*, § 12, 11-12; vgl. § 19.
203 Vgl. Wolff, *Deutsche Ethik*, 1733, § 28.
204 Vgl. Wolff, *Deutsche Metaphysik*, § 373, S. 246.

205 Vgl. Wolff, *Deutsche Metaphysik*, 1751, § 10.
206 Crusius, *Anweisung*, § 52, S. 64-65.
207 Siehe Crusius, *Anweisung*, § 57, S. 72.
208 Vgl. T 402 f./II 140.
209 Vgl. T 404/II 141.
210 Vgl. T 407/II 145.
211 T 407/II 145.
212 T 408/II 145.
213 Siehe Kant, *KrV*, A 450/ B 478.
214 Vgl. T 408 f./II 146.
215 T 411/II 149.
216 T 399/II 136.
217 Siehe Hutcheson 1984, S. 13-14.
218 T 413/II 151.
219 T 415/II 153.
220 T 414/II 152.
221 T 415/II 153.
222 T 417/II 155.
223 T 417/II 155; vgl. T 437/II 176.
224 Vgl. T 418/II 156.
225 Vgl. T 419/II 157 u. T 423/II 161.
226 Vgl. T 437 f./II 176.
227 Reid, *Essays*, S. 283 (»moral liberty«).
228 Reid, *Essays*, S. 283 (»it is not a thing that exists, but a thing that is conceived«).
229 Siehe Reid, *Essays*, S. 284.
230 Siehe Reid, *Essays*, S. 286-287.
231 Reid, *Essays*, S. 287-288.
232 Vgl. Reid, *Essays*, S. 291.
233 T 575/II 328.
234 T 574/II 328.
235 T 581/II 334.
236 T 576/II 329.
237 Siehe Humes Brief an Hutcheson vom Sept. 1739, in: *Letters*, I, S. 32-35.
238 Siehe T 618 f./II 372 f.
239 Siehe weiterführend Schneewind 1998 und Klemme 2006.
240 Vgl. Smith 1976, S. 9.

241 Vgl. Hutcheson 1984, S. 13-14.
242 Hutcheson 1984, S. 13.
243 Dies ist die These von Smith; siehe Smith, 1976, S. 321-327, bes. S. 327.
244 Vgl. T 464/II 205.
245 T 457/II 198.
246 T 518/II 265; vgl. T 532/II 281.
247 Vgl. T 493/II 237.
248 T 469/II 211.
249 T 469 f./II 211 f.
250 Mackie 1981, S. 79.
251 Siehe MacIntyre 1959.
252 T 471/II 213.
253 T 296/ II 26.
254 Clarke, *Demonstration*, S. 235 (»Fitness and Unfitness«).
255 Clarke, *Discourse*, S. 64 f.
256 Clarke, *Discourse*, S. 66 f.
257 Siehe Reid, *Essays*, S. 470.
258 Reid, *Essays*, S. 471.
259 T 484/II 227.
260 Vgl. Kant, *KrV*, A 548/B 576.
261 Siehe Klemme 2006.
262 T 470/II 217.
263 T 577/II 331.
264 Vgl. EM 228/65.
265 Vgl. T 415/ II 153.
266 T 471/II 213.
267 T 472/II 214.
268 T 576/II 329.
269 T 579/II 332.
270 T 579/II 332; vgl. EM 336/178.
271 T 579/II 333.
272 T 582/II 335f.
273 T 581/II 334.
274 T 472/II 214; vgl. T 475 f./II 218.
275 EM 272/111.
276 EM 336/177.
277 EM 227/64.

278 Vgl. T 474/II 216.
279 EM 180 f./15.
280 T 575/II 328.
281 Vgl. 1984, S. 84.
282 Vgl. EM 176/10.
283 EM 191/26.
284 EM 191/26.
285 Siehe *Essays*, S. 208 u. 629-630.
286 EM 191/26.
287 Vgl. EM 192/27 u. EM 196/31.
288 EM 188/22.
289 EM 194/29.
290 Vgl. EM 203/41.
291 EM 211/47.
292 EM 32/197.
293 EM 282/122.
294 EM 283/122.
295 Hume 1984, S. 97 (»Über Selbstmord«).
296 Smith, *Theory*, S. 188.
297 Smith, *Theory*, S. 189.
298 Smith, *Theory*, S. 137.
299 Siehe u.a. Baier 1991, S. 153, 277-288, u. Pauer-Studer in: Hume, *Über Moral*, 2007, S. 310-321.
300 Husserl 2004, S. 195; vgl. S. 172-199.
301 Husserl 2004, S. 182.
302 Hume 1984, S. 89.
303 Hume, Essays, S. 165.
304 Hume 1984, S. 93.
305 Hume 1984, S. 99 Anm.
306 Hume 1984, S. 94.
307 Hume 1984, S. 98.
308 T xii/I LX (»Advertisement«).
309 T 576/II 329.
310 T 298/28 f.
311 T 299/29.
312 EM 294/133.
313 Vgl. T 576/II 329 f.

314 Vgl. T 576/II 329.
315 Eine deutsche Übersetzung des Textes findet sich in Hume, hg. Kulenkampff, 1990.
316 *Essays*, S. 235.
317 *Essays*, S. 241.
318 Vgl. *Essays*, S. 234-235.
319 *Herrn Hume Vier Philosophen. Quod vitae sectabor iter?* Aus dem Englischen, Glogau 1768. Siehe Brandt 1998, S. 99-103.
320 Deutsche Übersetzungen finden sich in Müller 1980 u. in Hume, hg. Kulenkampff, 1990.
321 Vgl. *Essays*, S. 138 Anm., 146 Anm. u. 155 Anm.
322 Vgl. *Essays*, S. 160.
323 Vgl. *Essays*, S. 162 u. 166.
324 Vgl. *Essays*, S. 163.
325 Vgl. *Essays*, S. 172.
326 Vgl. *Essays*, S. 180.
327 Kant, *Gesammelte Schriften*, Bd. IV, S. 260.
328 Vgl. Kant, *KrV*, A 836/B 864.
329 Kant, *KrV*, B 128.
330 Vgl. *Dialoge*, S. 62.
331 Hume 1757, S. vi (»paradoxes and singular opinions«).
332 Kant, *Gesammelte Schriften*, Bd. VII, S. 129.

Literatur

Siglen

Abstract	An Abstract of a Book lately Published; Entitled, A Treatise ...
T	Ein Traktat über die menschliche Natur
Dialoge	Dialoge über natürliche Religion
EHU	Eine Untersuchung über den menschlichen Verstand
EM	Eine Untersuchung über die Prinzipien der Moral
Essays	Essays Moral, Political and Literary
Letters	The Letters of David Hume
NLetters	New Letters of David Hume

Zitate aus T, EHU und EM werden unter Angabe zuerst der Seitenzählung der Ausgaben von Selby-Bigge, dann der jeweiligen deutschen Ausgabe (siehe unten) belegt (Beispiel: T 24/I 38). Der *Abstract* wird ausschließlich nach der Paginierung von Selby-Bigge zitiert. Die *Dialoge* werden nach der Ausgabe von G. Gawlick zitiert. Andere Ausgaben von Schriften und Briefen Humes werden unter Angabe des Erscheinungsjahres der zitierten Ausgabe belegt. Die Übersetzungen aus dem *Traktat* stammen von mir.

1. Schriften, Briefe und Manuskripte

Humes Werk erscheint zurzeit in einer neuen Gesamtausgabe bei Oxford University Press (*The Clarendon Edition of the Works of David Hume*). Die Ausgaben verzeichnen am Seitenrand die Paginierung von Selby-Bigge. Bisher sind vier Bände erschienen:

A Treatise of Human Nature, 2 Bde., hg. v. D.F. Norton und M.J. Norton, Oxford 2007. Diese Ausgabe enthält auch den *Abstract* und den *Letter from a Gentleman to his Friend in Edinburgh*. Sigel: T u. Abstract

An Enquiry concerning Human Understanding, hg. v. T.L. Beauchamp, Oxford 2006. Sigel: EHU

An Enquiry concerning the Principles of Morals, hg. v. T.L. Beauchamp, Oxford 2006. Sigel: EM

A Dissertation of the Passions / The Natural History of Religion, hg. v. T.L. Beauchamp, Oxford 2007.

The Philosophical Works of David Hume, hg. v. T.H. Green u. T.H. Grose, 4 Bde., London 1874/75; ND Aalen 1964.

A Treatise of Human Nature, hg. v. L.A. Selby-Bigge, Oxford 1888, Second Edition, with text revised and variant readings by P.H. Nidditch, Oxford 1978. Sigel: T u. Abstract

Enquiries Concerning Human Understanding and Concerning the Principles of Morals. Reprinted from the posthumous edition of 1777 [...], hg. v. L.A. Selby-Bigge. Third Edition with text revised and notes by P.H. Nidditch, Oxford 1975. Sigel: EHU u. EM

Essays Moral, Political and Literary, hg. v. E.F. Miller, Indianapolis [2]1987. Sigel: Essays

Four Dissertations, London 1757; ND Four Dissertations, with Introduction by J. Immerwahr, Bristol 1992.

The History of England from the Invasion of Julius Cesar to The Revolution in 1688. Based on the Edition of 1778, with Author's Last Corrections and Improvements, 6 Bde., Indianapolis 1983.

Hume's Early Memoranda, 1729-1740: The Complete Text, hg. v. E.C. Mossner, in: The Journal of the History of Ideas 9 (1948), S. 492-518.

An Historical Essay on Chivalry and Modern Honour, hg. v. E.C. Mossner, in: Modern Philology 45 (1947), S. 54-60.

Stewart, M.A., An early fragment of evil, in: Stewart, Wright (Hg.) 1994, S. 160 (165)-170.

The Letters of David Hume, 2 Bde., hg. v. J.Y.T. Greig, Oxford 1932; ND 1969. Sigel: Letters

New Letters of David Hume, hg. v. R. Klibansky u. E.C. Mossner, Oxford 1954; ND 1969. Sigel: NLetters

Siehe auch: Letters of Eminent Persons Addressed to David Hume, hg. v. J.E. Burton, Edinburgh, London 1849; ND Bristol 1989; H.F. Klemme, W. Stark, Ein unbeachtet gebliebener Brief von David Hume, in: Archiv für Geschichte der Philosophie 72 (1990), S. 214-219, u. H.F. Klemme, ›And Time Does Justice to All The World‹: Ein unveröffentlichter Brief von David Hume an William Strahan, in: Journal of the History of Philosophy 29 (1991), S. 657-664.

Elektronische Versionen von Humes Schriften sind u.a. unter den folgenden Adressen abrufbar:
http://oll.libertyfund.org/Intros/Hume.php
http://www.gutenberg.org

2. Deutsche Übersetzungen

Ein Traktat über die menschliche Natur, übers. v. Th. Lipps (1904, 1906), 2 Bde., neu hg. v. R. Brandt, Bd. I, Hamburg 1978, Bd. II, Hamburg 1989. Sigel: T

Über Moral. Aus dem Engl. von Th. Lipps, durchgesehen und überarb. von H. Pauer-Studer. Kommentar von H. Pauer-Studer, Frankfurt a.M. 2007.

Abriß eines neuen Buches [...] (1740) / Brief eines Edelmannes an seinen Freund (1745), dt./engl., übers. u. mit einer Einl. hg. von J. Kulenkampff, Hamburg 1980.

Eine Untersuchung über den menschlichen Verstand, übers. u. hg. v. H. Herring, Stuttgart 1967. Sigel: EHU

Eine Untersuchung über den menschlichen Verstand, übers. von R. Richter; neu hg. v. J. Kulenkampff, Hamburg 1984, [2]1993.

Eine Untersuchung über den menschlichen Verstand. Aus dem Engl. von R. Richter. Durchgesehen und überarb. v. L. Wiesing. Kommentar von L. Wiesing, Frankfurt a.M. 2007.

Eine Untersuchung über die Prinzipien der Moral, übers., mit einer Einl. u. Anm. hg. v. M. Kühn, Hamburg 2003. Sigel: EM

Eine Untersuchung über die Prinzipien der Moral, übers. u. hg. v. G. Streminger, Stuttgart 1984 (Neuausgabe mit einem Nachwort von F. Brosow, 2012).

Eine Untersuchung der Grundlagen der Moral, eingel., übers. u. erläutert v. K. Hepfer, Göttingen 2002.
Vier Abhandlungen, Quedlinburg, Leipzig 1759; ND: Bristol 2001.
Die Naturgeschichte der Religion / Über Aberglaube und Schwärmerei / Über die Unsterblichkeit der Seele / Über Selbstmord, übers. u. hg. v. L. Kreimendahl, Hamburg 1984.
Vom schwachen Trost der Philosophie, übers. v. J. Kulenkampff, Göttingen 1990, ^{2}1997.
Politische und ökonomische Essays, 2 Teilb., übers. v. S. Fischer, mit einer Einl. hg. v. U. Bermbach, Hamburg 1988.
Dialoge über natürliche Religion, übers. von F. Paulsen; neu bearb. u. hg. v. G. Gawlick, Hamburg ^{7}1993. Sigel: D
Dialoge über natürliche Religion, übers. und hg. v. N. Hoerster, Stuttgart 1981.

3. Bibliographie und Hilfsmittel

Bibliographien erscheinen regelmäßig in den von der »Hume Society« hg. *Hume Studies* 1 (1975 ff.) (www.humestudies.org).
Hall, R., Fifty Years of Hume Scholarship, Edinburgh 1978.
Jessop, T.E., A Bibliography of David Hume and of Scottish Philosophy from Francis Hutcheson to Lord Balfour, London 1938; ND New York, London 1983.
Online-Texte von Hume, Bibliographien und Artikel über Hume: http://davidhume.org/

4. Sekundärliteratur in Auswahl

Biographien

Baier, A.C., The Pursuits of Philosophy. An Introduction to the Life and Thought of David Hume, Cambridge, Mass. 2011.
Metz, R., David Hume. Leben und Philosophie, Stuttgart 1929; ND Stuttgart-Bad Cannstatt 1968.
Mossner, E.C., The Life of David Hume, Edinburgh 1954, Oxford ^{2}1980.
Streminger, G., David Hume mit Selbstzeugnissen und Bilddokumenten, Reinbek b. Hamburg ^{3}2003.

Streminger, G., David Hume. Der Philosoph und sein Zeitalter. Eine Biographie, München 2011 (überarbeitete Fassung von: David Hume. Sein Leben und sein Werk, Paderborn 1995 u.ö.).

Sammelbände

Broadie, A. (Hg.), The Cambridge Companion to the Scottish Enlightenment, Cambridge 2003.

Brosow, F./Klemme, H.F. (Hg.), David Hume (1711-1776) nach dreihundert Jahren. Historische Texte und systematische Perspektiven, Münster 2014 (im Erscheinen).

Chappell, V.C. (Hg.), Hume. A Collection of Critical Essays, London 1968.

Cohon, R. (Hg.), Hume. Moral and Political Philosophy, Aldershot u.a. 2001.

Fieser, J. (Hg.), Early Responses to Hume, 10 Bde., Bristol 1999-2003.

Frasca-Spada, M./Kail, P.J.E. (Hg.), Impressions of Hume, Oxford 2005.

Haakonssen, K. (Hg.), The Cambridge History of Eighteenth-Century Philosophy, Cambridge 2006.

Kulenkampff, J. (Hg.), David Hume, Eine Untersuchung über den menschlichen Verstand (= Klassiker auslegen), Berlin 1997 (^{2}2013).

Millican, P. (Hg.), Reading Hume on Human Understanding. Essays on the First ›Enquiry‹, Oxford 2002.

Morice, G.P. (Hg.), David Hume. Bicentenary Papers, Edinburgh 1977.

Norton, D.F./Capaldi, N./Robinson, W. (Hg.), McGill Hume Studies, San Diego 1979.

Norton, D.F./Taylor, J. (Hg.): The Cambridge Companion to Hume, Cambridge ^{2}2009.

Owen, D.W.D. (Hg.), Hume: General Philosophy, Aldershot u.a. 2000.

Pigden, Ch.R. (Hg.), Hume on Motivation and Virtue. New Essays, Basingstoke 2009.

Pigden, Ch.R. (Hg.), Hume on ›Is‹ and ›Ought‹, Basingstoke 2010.

Read, R./Richman, K.A. (Hg.), The New Hume Debate, London, New York 2000.

Stewart, M.A. (Hg.), Studies in the Philosophy of the Scottish Enlightenment, Oxford 1990.

Stewart, M.A./Wright, J.P. (Hg.), Hume and Hume's Connexions, Edinburgh 1994.

Traiger, S. (Hg.), The Blackwell Guide to Hume's ›Treatise‹, Malden, MA 2006.

Tweyman, St. (Hg.), David Hume: Critical Assessments, 6 Bde., London 1994.

Einführungen

Baillie, J., Routledge Philosophy Guidebook to Hume on Morality, London 2000.

Brosow, F., Hume, Stuttgart 2011.

Hoerster, N., David Hume, in: ders. (Hg.), Klassiker des philosophischen Denkens, Bd. 2, München 1982, S. 7-46.

Kreimendahl, L., David Hume: Dialoge über natürliche Religion, in: ders., Interpretationen. Hauptwerke der Philosophie. Rationalismus und Empirismus, Stuttgart 1994, S. 385-415.

Kulenkampff, J., David Hume, München 1989, ²2003.

Lüthe, R., David Hume. Historiker und Philosoph, Freiburg, München 1991.

Lüthe, R.: David Hume, in: Holzhey, H./Mudroch, V. (Hg.), Grundriss der Geschichte der Philosophie. Die Philosophie des 18. Jahrhunderts, Bd. 1, Basel 2004, S. 463-509.

Noonan, H., Routledge Philosophy Guidebook to Hume on Knowledge, London 1999.

O'Connor, D., Routledge Philosophy Guidebook to Hume on Religion, 2001.

Penelhum, T., David Hume. An Introduction to His Philosophical System, West Lafayette 1992.

Rawls, J., Hume, in: ders., Lectures on the History of Moral Philosophy, hg. v. B. Herman, Cambridge/Mass. 2000, S. 21-102 (dt. Frankfurt a.M. 2004).

Röd, W., David Hume, in: ders., Geschichte der Philosophie, Bd. 8, München 1984, S. 310-347.

Stroud, B., Hume, London 1977.

Vertiefende Studien

Allison, H.E., Custom and Reason in Hume. A Kantian Reading of the First Book of the ›Treatise‹, Oxford 2008.

Árdal, P.S., Passion and Value in Hume's Treatise, Edinburgh 1966, ²1989.

Baier, A.C., A Progress in Sentiments. Reflections on Hume's Treatise, Cambridge/Mass., London 1991.
Baxter, D.L.M., Hume's Difficulty. Time and Identity in the ›Treatise‹, London/New York 2008.
Beauchamp, T.L./Rosenberg, A., Hume and the Problem of Causation, New York 1981.
Brandt, R., The Beginnings of Hume's Philosophy, in: Morice (Hg.) 1977, S. 117-127.
Brandt, R./Klemme, H., David Hume in Deutschland, Marburg 1989.
Buchegger, J., David Humes Argumente gegen das Christentum, Frankfurt a.M. 1987.
Buckle, St., Hume's Enlightenment Tract. The Unity and Purpose of ›An Enquiry concerning Human Understanding‹, Oxford 2001.
Capaldi, N., David Hume. The Newtonian Philosopher, Boston 1975.
Cohon, R., Hume's Morality. Feeling and Fabrication, Oxford 2009.
Darwall, St., The British Moralists and the Internal ›Ought‹. 1640-1740, Cambridge 1995.
Deleuze, G., David Hume, Frankfurt, New York 1997.
Flew, A., Hume's Philosophy of Belief. A Study of His First Enquiry, London, New York 1961, ³1969.
Fogelin, R.J., Hume's Skepticism in the ›Treatise of Human Nature‹, London 1985.
Forbes, D., Hume's Philosophical Politics, Cambridge 1975, ²1978.
Garrett, D., Cognition and Commitment in Hume's Philosophy, Oxford 1997.
Gaskin, J.C.A., Hume's Philosophy of Religion, London 1978, Basingstoke ²1988.
Gawlick, G./Kreimendahl, L., Hume in der deutschen Aufklärung. Umrisse einer Rezeptionsgeschichte, Stuttgart 1987.
Gräfrath, B., Moral Sense und praktische Vernunft. David Humes Ethik und Rechtsphilosophie, Stuttgart 1991.
Hendel, C.W., Studies in the Philosophy of David Hume, Princeton 1925, Indianapolis ²1963; ND New York 1983.
Hepfer, K., Motivation und Bewertung. Eine Studie zur praktischen Philosophie Humes und Kants, Göttingen 1997.

Kemp Smith, N., The Philosophy of David Hume. A Critical Study of its Origins and Central Doctrines, London 1941; ND Houndmills 2005.

Klemme, H.F., Die praktische Bedeutung metaphysischer Untersuchungen, in: Kulenkampff (Hg.) 1997, S. 19-35.

Klemme, H.F., Scepticism and Common Sense, in: Broadie (Hg.) 2003, S. 117-135.

Klemme, H.F., Naturalismus *sans phrase*. Humes Konzeption der Gerechtigkeit, in: Asbach, O. (Hg.), Vom Nutzen des Staates. Das Staatsverständnis des klassischen Utilitarismus: Hume – Bentham – Mill, Baden-Baden 2009, S. 109-128.

Klemme, H.F., Selbst ohne Seele. Humes Konzeption des Geistes, in: Crone, K./Schnepf, R./Stolzenberg, J. (Hg.), Über die Seele, Frankfurt a.M. 2010, S. 154-173.

Klemme, H.F., Die Aufhebung von ›*Humes* Zweifel‹ (§§ 27-39), in: Lyre, H./Schliemann, O. (Hg.), Kants ›Prolegomena‹. Ein kooperativer Kommentar, Frankfurt a.M. 2012, S. 169-193.

Kreimendahl, L., Humes verborgener Rationalismus, Berlin 1982.

Kreimendahl, L., »Die Kirche ist mir ein Greuel«. Studien zur Religionsphilosophie David Humes, Würzburg 2012.

Lecaldano, E., The Passions, Character, and the Self in Hume, Hume Studies 28 (2002), S. 175-193.

Livingston, D.W., Hume's Philosophy of Common Life, Chicago, London 1984.

Loeb, L.E., Stability and Justification in Hume's ›Treatise‹, Oxford 2002.

MacIntyre, A.C., Hume on »Is« and »Ought«, The Philosophical Quarterly 68 (1959), S. 451-468; ND in: Chappell 1968.

Mackie, J.L., The Cement of the Universe. A Study of Causation, Oxford 1974.

Mackie, J.L., Hume's Moral Theory, London 1980.

Mackie, J.L., The Miracle of Theism. Arguments for and against the Existence of God, Oxford 1982 (dt., Das Wunder des Theismus, Stuttgart 1985).

Müller, D., David Humes Typologie der Philosophen und der Lebensformen, Frankfurt a.M. 1980.

Norton, D.F., ›David Hume‹ Common-Sense Moralist, Sceptical Metaphysician, Princeton 1982.

Passmore, J., Hume's Intentions, Cambridge 1952, London [2]1968.
Pears, D., Hume's System. An Examination of the First Book of His Treatise, Oxford 1990.
Pears, D., Hume on Personal Identity, Hume Studies 19 (1993), S. 289-299.
Penelhum, T., Themes in Hume. The Self, the Will, Religion, Oxford 2000.
Rohbeck, J., Egoismus und Sympathie. David Humes Gesellschafts- und Erkenntnistheorie, Frankfurt a.M./New York 1978.
Rühl, U.F.H., Moralischer Sinn und Sympathie. Der Denkweg der schottischen Aufklärung in der Moral- und Rechtsphilosophie, Paderborn 2005.
Russell, P., The Riddle of Hume's ›Treatise‹. Skepticism, Naturalism, and Irreligion, Oxford 2008.
Schmidt, C., David Hume. Reason in History, University Park 2003.
Schneewind, J.B., The Invention of Autonomy. A History of Modern Moral Philosophy, Cambridge 1998.
Schrader, W.H., Ethik und Anthropologie in der englischen Aufklärung. Der Wandel der moral-sense-theorie von Shaftesbury bis Hume, Hamburg 1984.
Stewart, J.B., The Moral and Political Philosophy of David Hume, New York, London 1963.
Stewart, M.A., Hume's Intellectual Development, 1711-52, in: Frasca-Spada/Kail (Hg.) 2005, S. 11-58.
Strawson, G., The Secret Connexion. Causation, Realism, and David Hume, Oxford 1989.
Streminger, G., David Hume: Eine Untersuchung über den menschlichen Verstand. Ein einführender Kommentar, Paderborn 1995 (Neubearbeitung: http://members.aon.at/gstremin/Hume/).
Thiel, U., The Early Modern Subject: Self-Consciousness and Personal Identity from Descartes to Hume, Oxford 2011.
Townsend, D., Hume's Aesthetics Theory. Taste and Sentiment, New York 2001.
Tweyman, S., Scepticism and Belief in Hume's Dialogues Concerning Natural Religion, Den Haag 1986.
von der Lühe, A., David Humes ästhetische Kritik, Hamburg 1996.

Waldow, A., David Hume and the Problem of Other Minds, London/New York 2009.
Wright, J.P., The Sceptical Realism of David Hume, Manchester 1983.

Weitere zitierte Literatur

Arnauld, A./Nicole, P., Die Logik oder Die Kunst des Denkens (1662, ^{6}1685), Darmstadt 1972.
Berkeley, G., Eine Abhandlung über die Prinzipien der menschlichen Erkenntnis. Übers., mit einer Einl. u. Anm. hg. v. A. Kulenkampff, Hamburg 2004.
Brandt, R., John Locke, in: Schobinger, J.-P. (Hg.), Grundriss der Geschichte der Philosophie. Die Philosophie des 17. Jahrhunderts, Bd.3, Basel 1988, S. 607-802.
Brandt, R., D'Artagnan und die Urteilstafel, München 1998.
Brandt, R., John Lockes Konzept der persönlichen Identität. Ein Resümee, in: Aufklärung 18 (2006), S. 37-54.
Clarke, S., A Demonstration of the Being and Attributes of God, London 1705; ND Stuttgart-Bad Cannstatt 1964.
Clarke, S., A Discourse concerning the Unchangeable Obligations of Natural Religion, London 1706; ND Stuttgart-Bad Cannstatt 1964.
Crusius, Chr. A., Anweisung vernünftig zu leben, Leipzig 1744 (= Die philosophischen Hauptwerke, Bd. 1, Hildesheim 1969).
Descartes, R., Meditationes de prima philosophia / Meditationen über die Grundlagen der Philosophie (1641), hg. v. L. Gäbe, durchgesehen von H.G. Zekl, Hamburg 1977.
Hegel, G.W.F., Werke in zwanzig Bänden (= Theorie Werkausgabe), hg. v. E. Moldenhauer u. K.M. Michel, Frankfurt a.M. 1969-71.
Home, H. (= Lord Kames), Essays on the Principles of Morality and Natural Religion, Edinburgh 1751.
Husserl, E., Einleitung in die Ethik. Vorlesungen Sommersemester 1920/1924, hg. v. H. Peucker, Dordrecht u.a. 2004 (= Husserliana 37).
Hutcheson, F., Erläuterungen zum moralischen Sinn (1728), hg. v. J. Buhl, Stuttgart 1984.
Kant, I., Gesammelte Schriften, hg. v. der Preußischen Akademie der Wissenschaften et al., Berlin 1900 ff.
Kant, I., Kritik der reinen Vernunft, hg. von J. Timmermann, Hamburg 1998.

Leibniz, G.W., Vernunftprinzipien der Natur und der Gnade / Monadologie, frz./dt., hg. v. H. Herring, Hamburg ²1982.

Locke, J., Essay Concerning Human Understanding, hg. v. P.H. Nidditch, Oxford 1975.

Mackie, J.L., Ethik. Die Erfindung des moralisch Richtigen und Falschen, Stuttgart 1981 (engl. Ethics, 1977).

Reid, Th., Essays on the Active Powers of Man, hg. v. B. Brody, Cambridge/Mass., London 1969.

Smith, A., The Theory of Moral Sentiments, hg. v. D.D. Raphael u. A.L. Macfie, Oxford 1976.

Wolff, Chr., Vernünfftige Gedancken Von der Menschen Thun und Lassen Zu Beförderung ihrer Glückseeligkeit, 4. Auflage, Franckfurt, Leipzig 1733 (= Gesammelte Werke, Abt. I, Bd. 4, Hildesheim, New York 1976) (= Deutsche Ethik).

Wolff, Chr., Vernünfftige Gedancken von Gott, Der Welt und der Seele des Menschen, Auch allen Dingen überhaupt, Neue Auflage, Halle 1751 (= Gesammelte Werke, Abt. I, Bd. 2, Hildesheim u. a. 1983) (= Deutsche Metaphysik).

Zeittafel

1711	David Home wird am 26. April (nach dem gregorianischen Kalender am 7. Mai) in Edinburgh geboren und wächst auf dem Gut der Familie in Ninewells nahe der Grenze zu England sowie in Edinburgh auf, wo der Vater als Anwalt tätig ist. Hume hat einen älteren Bruder (geb. 1709), der Adelstitel und Gut erbt, und eine ältere Schwester (geb. 1710)
1713	Tod des Vaters
1723-1729	Höhere Schulbildung und Studium (ab 1726 der Jurisprudenz) an der Universität Edinburgh; Beschäftigung mit antiker und moderner Philosophie, Literatur und Theologie
um 1730	Nach Phasen von Depressionen und Melancholie Wende zur empirischen Erforschung des Menschen
1734	Tätigkeit bei einem Kaufmann in Bristol; Änderung der Schreibweise des Namens in ›Hume‹, damit die Engländer seinen Namen korrekt aussprechen
1734-1737	Aufenthalt in Paris, Reims und in La Flèche, wo Hume am *Treatise of Human Nature* arbeitet
1737-1739	Aufenthalt in London; Überwachung der Drucklegung des *Treatise*, dessen erste beiden Bände (Of the Understanding; Of the Passions) im Januar 1739 erscheinen; Rückkehr nach Edinburgh im März 1739
Aug. 1739	Abschluss der Arbeiten am Manuskript von Buch III (Of Morals) des *Treatise*, das Hume Francis Hutcheson zur Begutachtung übersendet
1740	Der *Abstract* des *Treatise* erscheint Anfang des Jahres; Hume überwacht die Drucklegung von »Of Morals« in London; der Band erscheint im November
1741	Der erste Band der *Essays Moral and Political* erscheint; der zweite Band wird im folgenden Jahr publiziert

1745	Tod der Mutter; die Bewerbung um den Lehrstuhl für Ethics and Pneumatical Philosophy an der Universität Edinburgh scheitert; ohne Humes Zustimmung publiziert Henry Home im Mai Humes *Letter from a Gentleman*
1745/46	Unter für ihn günstigen finanziellen Bedingungen arbeitet Hume als Tutor des jungen Marquis of Annandale, der an einer Geisteskrankheit leidet
1746	Privatsekretär des Generals Sinclair und Teilnahme an einer militärischen Expedition nach Frankreich
1748	Zusammen mit Sinclair Teilnahme an einer Gesandtschaftsreise an die Höfe von Wien und Turin; über seine Reise, die ihn auch nach Köln, Frankfurt, Würzburg, Nürnberg und in andere Orte in Deutschland führt, berichtet Hume in Briefen an seinen Bruder. Publikation der *Philosophical Essays concerning Human Understanding* (die Schrift erscheint ab der 5. Auflage von 1758 unter dem Titel *An Enquiry concerning Human Understanding*) sowie der *Three Essays, Moral and Political*, die auf dem Titelblatt zum ersten Mal David Hume als Autor nennen
1751	Publikation der *Enquriy concerning the Principles of Morals*, die Hume in seiner Autobiographie als »unvergleichlich die beste« unter allen seinen Veröffentlichungen bezeichnet. Nach der Heirat seines Bruders verlässt er Ninewells und zieht nach Edinburgh; gemeinsam mit Alexander Monro d. J. Ernennung zum Sekretär der 1731 gegründeten Philosophical Society
1752	Die *Political Discourses* erscheinen in Edinburgh; die Schrift ist sogleich in ganz Europa erfolgreich. Die von seinen Freunden geförderte Bewerbung um die Professur für Logik an der Universität Glasgow schlägt fehlt; Anstellung als Bibliothekar am Juristenkolleg
1754	Mitglied und Kassierer der von dem Maler Allan Ramsay gegründeten Select Society; Publikation des ersten Bandes der *History of Great Britain*; späterer Titel: *History of England*; weitere Bände erscheinen 1757, 1759 und 1761
1757	Veröffentlichung der *Four Dissertations* (*The Natural History of Religion*, *Of the Passions*, *Of Tragedy*, *Of the Standard of*

Taste); die ursprünglich für diesen Band vorgesehenen Abhandlungen *Of Suicide* und *Of the Immortality of the Soul* werden auf Druck des Bischofs William Warburton kurz vor der geplanten Publikation zurückgezogen und erscheinen 1777 postum

1761 Der Vatikan setzt alle Schriften Humes bis 1872 auf den Index Librorum Prohibitorum

1763 Hume lebt als Privatsekretär des englischen Botschafters in Paris und wird bei Hofe und in den Salons der Stadt herzlich aufgenommen; enge Beziehung zu Mme. Boufflers

1765 Offizielle Ernennung zum Botschaftssekretär und für vier Monate alleiniger Geschäftsträger der englischen Botschaft

1766 Rückkehr nach London mit Jean-Jacques Rousseau; öffentlich ausgetragener Streit mit Rousseau, der die Gemüter in ganz Europa erregt

1767-1768 Tätigkeit als Unterstaatssekretär im *Northern Department* des Londoner Außenministeriums, das unter anderem für die diplomatischen Beziehungen zu allen Ländern nördlich von Frankreich sowie zu Deutschland, Österreich und Russland zuständig ist

1769 Rückkehr nach Edinburgh mit der festen Absicht, Schottland nie wieder zu verlassen; die ebenfalls unverheiratete Schwester führt ihm den Haushalt

1776 Hume stirbt am 25. August in seinem Haus in der St. David's Street und wird wenige Tage später auf dem Calton Hill in Edinburgh begraben

1777 *Two Essays* (*Of Suicide*, *Of the Immortality of the Soul*) erscheinen in London; die im April 1776 verfasste Autobiographie *My Own Life* wird zusammen mit einem Bericht über seine letzten Lebenstage von Adam Smith veröffentlicht

1779 Veröffentlichung der *Dialogues concerning Natural Religion* durch Humes gleichnamigen Neffen

Heiner F. Klemme, geb. 1962, Studium der Philosophie, Religionswissenschaft und Sinologie in Marburg, Edinburgh und Bonn. 1995 Promotion (Marburg), 2003 Habilitation (Magdeburg). Seit 2008 Professor für Philosophie der Neuzeit und Leiter der Kant-Forschungsstelle an der Johannes-Gutenberg-Universität Mainz. 2006-2008 Professor für Philosophie mit Schwerpunkt Praktische Philosophie an der Bergischen Universität Wuppertal. 2012-2015 Honorarprofessor (Guest Professor) an der School of Philosophy der Universität Wuhan. 2007 Gastprofessor an der Universidade Estadual Paulista in Marília/SP und an der Universidade de São Paulo.

Buchpublikationen: *Kants Philosophie des Subjekts* (1996); *Immanuel Kant* (2004); *Kants Grundlegung zur Metaphysik der Sitten. Ein systematischer Kommentar* (erscheint 2014). Herausgeber und Mitherausgeber: *David Hume in Deutschland* (1989); *Die Schule Immanuel Kants* (1994); *Immanuel Kant: Theoretical and Practical Philosophy* (1999); *Aufklärung und Interpretation* (1999); *Reception of the Scottish Enlightenment in Germany: Six Significant Translations, 1755-1782* (2000); *The Reception of British Aesthetics in Germany: Seven Significant Translations, 1745-1776* (2001); *Im Schatten des Schönen* (2006); *Moralische Motivation* (2006); Kant, *Über den Gemeinspruch – Zum ewigen Frieden* (1992), Kant, *Kritik der praktischen Vernunft* (2003), Kant, *Kritik der Urteilskraft* ([2]2006); *Kant-Studien* und *Kant-Studien-Ergänzungshefte* (seit 2008); *Kant und die Zukunft der europäischen Aufklärung* (2009); *The Dictionary of Eighteenth-Century German Philosophers* (2010); *Michael Hißmann (1752-1784). Ein materialistischer Philosoph der deutschen Aufklärung* (2013). – Aufsätze zur Philosophie der Aufklärung und zur praktischen Philosophie.